ディスカッション

三重の改革

中村征之

（「地域政策」前編集長）

大森　彌

（千葉大学教授・東京大学名誉教授）

編著

地方自治ジャーナルブックレット **No.39**

【目次】

はじめに

本書の発刊に至った経緯については記すことで「まえがき」としたい。

本書は、三重県政策開発研修センター企画・編集『あすの三重』における6回にわたる連載「『ディスカッション・三重の改革』」（11号から15号及び17号）を再録したものである。三重県「三重社会経済研究センター」は、２０００年の夏まで、その広報誌である『あすの三重』を出していた。どちらかといえば、あまり目立たなかったこの雑誌は、２００１年夏号から、政策研究・情報誌『地域政策―あすの三重』として装うも新たに再登場した。その編集長に就任したのが朝日新聞の記者であった中村征之さんであった。中村さんは、北川知事を中心に推し進められた「三重の改革」に、いち早く注目し、１９９９年６月に『三重が燃えている』（公人の友社）を刊行していた。その中村さんが、約8年過ぎた「三重の改革」の全体像を整理する時期が来たと感じ取り、改革の第一線に立つ県の部局長と私（大森）との「討論」を企画したのである。

地方分権推進委員会専門委員であった私は、中村さんが「自治・分権ジャーナリストの会」の主要メンバーの一人として分権改革の推進に熱意を燃やしていたこと、『地方分権の足音―新たな自治を目指して』（共著、1997年、公人の友社）をいただいていたこともあり、知己を得ていたし、あの物腰の柔らかなお誘いを断われるはずもなかった。

　こうして「三重の改革」をめぐるディスカッションの連載が2002年秋号から始まった。テーマと対談者の企画・準備と司会は中村さんが務められた。対談・収録は、開放的な三重県東京事務所で行われた。連載は5回まで続いた。しかし、6回分の「討論」を準備に入っていたが実現できないまま中村氏は病に倒れられた。2004年5月15日午前3時、奈良市の自宅で直腸がんのため死去された。享年63歳であった。

　中村征之さんは1940（昭和15）年生まれ。早稲田大学を卒業後、1967年朝日新聞社に入社、大阪本社編集委員を経て、2000年11月退社。2000年4月からは桃山学院大学非常勤講師、その6月から三重社会経済センター客員研究員（非常勤）に就任している。「自治・分権ジャーナリスト関西の会」の中心人物として2002年秋の「日本自治学会関西大会」を組織したが、この会場で配られた「第1次分権改革と自治体職員―夜明けの群像―」は、分権改革に献身した自治体職員に寄せる思いが滲み出ている。

　2003年1月25、26日、四日市市で開催された三重県主催の「シンポジウム三重―分権時代の自治体変革‥自らの手でどう壁と破るか」は、「制作・中村征之」といってよく、北川知事三選不出馬宣言の衝撃の中で、全国から約700人が参集したこの集まりは成功のうちに終了した。中村さんは相好をくずし「大森さん、よかったですよね」と念を押すように語っていた。この会場で配られた三重県職員の手による『生活者起点の県政をめざして　三重県の改革8年の軌跡』のとりまとめにも中村さんは助言されている。

中村さんは、地元の奈良では、研究者、議員、職員、ＮＰＯ、新聞記者などの呼びかけ「自治・分権の会 奈良サロン」を２００1年に作り、毎月1回勉強会を開いていた。その機関紙『ならの風』２００２年冬号で「人が集まるところに必ず共同体が生まれます。人に人格が備わっているように、そこには品格も意思も存在します。それを生み、育てるものこそ自治の努力だと考えています。」と記している。

２００4年5月12日午後、中村さんを自宅病床に見舞った大和田健太郎さん（朝日新聞記者として同士）は、そのときの様子を次のように知らせてくれた。「日本自治学会の初会合の後、中華料理店のテーブルを囲んだときの写真を見せて、思い出を語りました。彼はもう声が出なくなっていましたが、頭を大きく動かして頷いていました。『地方自治の現場でサブシディアリティ（補完性の原理）がどう生きているかを調べに海外の学会にも行ったんだよね。』と問いかけたら、資料を出そうとしたのでしょうか、ベッドから起こしてくれという仕草をしました。奥さんが『そう、我が家ではひととき、補完性の原理がはやり言葉だったのです。』と横から相槌を打ってくれました。中村君は、ときどき目を閉じたりしながらも、しきりに頷いて反応していました。頭脳細胞だけは、きちんと機能していたのです。夢は世界を駆け巡る・・という風情でした。よほど、地方自治に惚れ込んでいたのだと思いました。帰途、駅まで車で運転してくれた末の娘さんが『長くても今週末まで、と医者が話しています。』と言っていたことが現実になりました。」

本書に、「補完性の原理」に関する小論を収録したのは、中村さんのこの想いを残して置きたかったからである。また、本書の「6　職員労働組合から見る三重の改革」は、中村さんがなくなった後に、その意を継いで行われた対談の収録である。

生前、中村さんは、この連載が一くくりついたら、これも含めて単行本を刊行したい意向をもっていた。それは叶えられなかったが、その意向に少しでも添いたいと考え、本書の発刊となった。発刊に当たって、格段のご協力をいただいた政策開発研修センターをはじめとする三重県の関係者の方々と特段のご配慮をいただいた公人の友社の武内英晴社長に、今は亡き中村さんと共に、心よりお礼を申し上げる次第である。

２００４年12月

大森　彌

中村　征之

大森　彌

1

山本勝治・総務局長に聞く

事務事業評価に始まり、予算、組織、人事の仕組みを変えるところまできた

中村編集長　三重県が１９９５年、行政改革運動「さわやか運動」をスタートさせて足かけ8年、現在もたゆまず自己改革の努力が続いています。幸い「三重の改革」と呼ばれ、多くの目が注がれていますが、改革は多方面にわたり、少し全体像を整理する時期にきているのではないかと考えました。その整理を通して改革の成果、課題を明らかにしたいと思い、大森彌・千葉大学教授と、改革の一線に立つ

三重県の部局長の「討論」を企画、連載することにしました。
第1回は山本勝治・総務局長です。

大森教授　今、自治体が置かれた状況の中で最も大切なことは、自己決定・自己責任をどう具体化するかということだと考えます。これまでは何か困ると、国が悪いとか、国に何かしてもらいたいとか、市町村であれば都道府県が、ということだった。そんな中で、三重県は自分でできる問題は、自分で切り開くという非常に強い姿勢を示してきた。全国をみると、今は確かにいろいろな所で同じような努力が始まっていますが、いち早く着手された三重の努力は先駆者として十分に意味を持ち、内容をそなえているのではないかとみています。

山本総務局長　一般に改革には、3つの要因があるとよくいわれます。1つは「外圧」による改革、2つには「アクシデント」による改革、3つ目は「先見性」による改革ということです。われわれは減量経営という従来型の選択はせず、分権時代にふさわしい政策自治体を創造し「内発的な改革」を目指したつもりです。確かに、改革のきっかけの1つにカラ出張問題）がありました。しかし、あれは単なるアクシデントではなかった。ですから裏金返還、関係者

【さわやか運動】
北川正恭知事就任直後の1995年7月スタート。サービス、わかりやすさ、やる気、改革の頭文字を取り、「前例踏襲的体質」「補助金主義」を脱して「生活者起点」の行政を目指す職員の意識改革、行政運営の質的改善を目指した。以降の三重の改革の出発点となった。

【カラ出張問題】
阪神大震災当日の95年1月17日、県職員3人が新幹線で神戸市内を抜けて、佐賀県に出張したとするカラ出張が同年5月に発覚、県庁全体がカラ超勤、カラ雇用などなど「カラ」にあふれていたことがわかり、知事が県民に陳謝、役職職員を中心に総額約11億6600万円を返金した。

処分で幕引きにせずに、あらゆる行政情報を公開し、職員、組織の体質を徹底的に改めるきっかけとしました。「生活者起点」という言葉が改革の理念をよく示しています。8年をひと言で表現すれば、そういうことだと思います。

■ 知事一人ではできぬ改革

大森教授　北川正恭知事が登場されたとき「三重の見えない三重県知事」といわれたでしょう。あの当時はまだその程度の意識だった。三重が見えていないのは知事の側ではなくて、実はそんなことをいっていた人たちの方だった。

私がこの知事はすごいと思ったのは、この改革で三重県民がボクを見放すならば仕方がない、といい切ったのを聞いた時ですね。自分の政治的な資源は、何かモノを作ったり配ったりすることじゃなくて、改革そのものにあるという確信がいわせた言葉で、それは当時の知事として相当な見識です。正直言って当初は、この改革はありきたりのものに終わるのではないと思っていたが、あのひと言で、もしかしたら飛躍するのではないかと、感じました。

あの先見性はどこから来たのか。個人としての資質もあるでしょうが、当時の政治的な文脈もあったのではないかと思います。自民党一党優位時代が終わって、分権改革に手がつき、時代の風というか予兆のようなものがあったと思います。しかし、それを具体化するには勇気がいったはずです。下手をすると不調に終わったかもしれないですから。でも、そこがすごいところで、県庁も議会も含めて三重県民が終わらせなかった。

中村編集長　県の内側に、そういう予兆を支える職員の内発的なエネルギーがあったのか。自らの問題を自覚する知性があったのか。

山本総務局長　改革には3つの段階がありました。まず95年の「さわやか運動」、これが第1次改革です。99年には、事務事業評価システムを含む行政システム改革のバージョンアップを測っていますが、これが第2次改革。そして01年から、新しい「政策推進システム」と「行政経営品質向上活動」の2大戦略を掲げ「県政戦略会議」を立ち上げた第3次改革となります。今年度の組織改革はその集成という位置づけになります。必ずしも知事だけではなくて、職員も分権型社会がもたらす自主・自立、情報公開という大きな波のなかで、自分たちが地域をつくってゆくという熱い思いでやってきたといえます。

大森教授　多分、県の職員の中にも何かしなければと、気付いていた人はいたと思う。そういう内部のポテンシャルのようなものが、この知事さんを登場させたエネルギーになって噴出したかというと、必ずしもそうではなかった。しかし、そのようなポテンシャルがないと、この後のことは説明できない。現

【事務事業評価システム】

行政の展開をPlan-Do-Seeサイクルと考え、Seeを担うシステムとして９６年度、導入。具体的な事務事業は、政策・施策・基本事務事業・事務事業の政策体系に位置づけられるもので、事務事業を対象に成果指標を掲げて評価することで、施策、政策の評価にも迫れると構想された内部評価システム。

【政策推進システム】

新総合計画「三重のくにづくり宣言」の政策体系と評価体系を連動させるために、事務事業評価システムを「施策評価」「基本事業評価」「事務事業評価」の3層評価に改め、施策の進行管理機能を強化し組織、定数管理のツールとすることも目視とし９９年、運用準備に入った。

に職員のみなさんが改革を担った訳ですから。知事が強引に引っぱり出した面はありましたが、改革は1人ではできない。

山本総務局長　事務事業評価システムが確かに職員の意識改革を促しました。９６年から5年間で、当初約３２００あった事務事業を約２０００まで減らし、約５０９億円の予算削減をした訳ですから。それまでは、総務局が財政情報すべてを握っていて、各部は「予算を要求する人」、総務局は「予算を査定する人」という構図でした。しかし、それではおかしいということになって、９８年に3役と部局長による「財政会議」を立ち上げ、そこで財政情報をすべてオープンにして、財政当局の査定ではなくて、自分たちで予算を作ることにチャレンジしました。情報を共有するなかで、三重県のビジョンは何なのか、部局長に与えられたミッションは何なのか、部局長が意識を高めながら、予算配分をしていった。事業カットはその成果です。勤務評定も三重県がいち早くということではないのですが、事務事業評価システムを入れることで、９８年度から課長級以上を対象に新しい制度を入れました。これも職員の意識改革につながっています。

大森教授　そのための初期投資で、民間へのコンサル料が1億４千万円でしたか。

山本総務局長　９５年から９７年までで2億1千万円。事務事業評価システムをはじめとした「さわやか運動」全体の導入・推進経費です。

■ 総務主体の査定主義からの脱却

大森教授　それだけ投資すると簡単にやめられないし、簡単に失敗もできないね。しかし、評価というのは、僕たち行政学の立場から言うとアメリカ風なもので、旧聞に属するんです。でも、日本ではどこも本格的にはやっていなかったのも事実。民間のアイデアで行政の評価ができるか、といった相当にシビアな状況があって、当初、担当者は県庁の廊下を歩くのも大変だったと聞いています。それを職員の人たちは、全体としてどういうふうに受け入れていったのか。県庁の中の行政や組織を見極めていくうえで、これは相当に大切なことだと思いますが。

山本総務局長　われわれがやったことは、民間でいえばリストラ、いわゆる事業の再構築です。仕事のやり方を変えるというのはリエンジニアリング、財政基盤を変えるということは、行政の手にある税だけではなく、NPOや民間と補完性の原則に立って、仕事を考え直そうということですから、職員になじみにくかったのは当然のことです。これが定着する大きなきっかけとなったのは、00年に事務事業評価だけを持って、予算担当の総務局と総合企画局と事業

【予算の包括配分】
01年、新しい予算編成の手法として導入。総合計画と連動させた評価の仕組みを動かすことで、計画推捗度を見極め事業の成否に精通するのは、総務部門ではなく事業部門である、との判断が可能になり、生まれた一種の「自主要求・自主査定」方式。討論で後述。

部の3者で、ほかに一切の資料を持たずに事業の検証をやりきったことです。それが予算査定の仕組みを動かし、後の包括配分の実現につながった。

大森教授　三重県のやり方で他と比べて特筆すべきことがあります。通常は事務事業評価をやっても、そもそも合理化をやろうというわけだから、時のアセスのようになって、財政の方からみて廃止すべき事業を廃止させるということでしかなくて、予算査定権そのものは依然として財政当局が握り続けているのです。三重県はそれを変えようとした。お聞きしたいのは、事務事業評価制度を入れたときから、この従来型の内部管理としての予算編成を変えていく戦略的な発想に立っていたのか、途中からだれかが、そうすることで評価が生きてくると気付いたのかという点です。財政当局に手を掛けられるかどうか、これこそが改革問題の本丸です。人事もそうであって、組織をいじっても、人事当局が人事権を掌握したままでは、従来の内部管理と変わりない。そこを変えない限り行政改革はなり立たない。三重県はそれをやった。

中村編集長　早くから庁内で「総務部解体」という言葉が聞かれ、問題の所在を戦略的に気付いていた職員が確かにいました。知事の庁内メッセージも相当に明確なものであって、総務部（当時）の幹部人事で、それまで総務に関係のなかった人や、縁の薄かった人たちを重ねて、意図的に配置していた。本丸の中にも、知事の意図を理解する人たちがいて、当初の反発は除々に解消していったようです。

大森教授　職員のひとたちも偉かったと思う。本当は嫌だけど、知事が言うからやらざるを得ない、というのが普通。でも、あのとき職員の中に、自分も変わらなければダメだというひとが出たんだと思う。改革知事のイメージが強いが、本当は自らを変えた職員がいて、改革を広げる核になった。それがこの改革の神髄なんだと思います。そうやらない限り自治体の改革は本物にならないと、研修などでいうんですが、三重のやったことで、それが裏付けられたわけです。これは県庁職員論として重要です。

山本総務局長　私どもは、県民のために何か役立ちたいと思って、県庁に入ったと思うんです。ですが内部の仕組みがきちんとなっていないがために、高い志もいつの間にか流されていた面があります。確かに、事務事業評価システムは難しいシステムだったかもしれないが、職員が仕事にかける思いを自ら評価することで、熱い思いをいかに自分のものとしていくか、その道筋に目を向けるようになったと考えています。

大森教授　評価を通して、そもそも自分の組織はなにをやる所なのかを、自分で考えることになる。今までこれしかやってなかったけれど、こういうこともやれるではないかと、仕事の内容を振り返ることができる。言葉をかえれば、自分で目標管理をやることになる。実務をやっている人間として、どういうふうに考えて、どう仕事を運べばいいかということがみえてくる。これが後の組織改革、人事改革につながってくるわけでしょう。

■　総合計画と評価システムを連動

山本総務局長　改革を進めるうえで、新総合計画「三重のくにづくり宣言」の実施計画が示す数値目標と、事務事業評価が目標とする数値が、連動していない問題がずっと残っていたんです。今年度スタートした第2実施計画の中でそれを改め、整合性が取れるようになりました。年度ごとに計画目標をどの程度達成できたのか、読みとることができ重要になりました。言葉をかえれば、予算そのものが「三重のくにづくり宣言」の実施計画に組み込まれたということです。

この予算に連動して組織も、定数・人事も計画の進捗状況に合わせて検証できるようになります。これまでは、事務分掌表の中で組織のなすべきことが「○○に関すること」と表記されていたのが、今後は「○○施策に関すること」「□□を行うこと」と、明快な目的を示した組織に変わる訳です。今回の組織改革もここから導かれている。

大森教授　私たちも、これまで総合計画について「これだけは簡単に民間委託してはだめ」「職員と住民が一生懸命作るもの」とはいっていたが、実際の手法とか理論には余り触れずにきた。だが、私たちも三重県をみて、他の自治体で基本構想、基本計画と評価を結びつけてやりなさい、そうすれば計画のどの部分をどのくらいやったのか、やれなかったのか、その理由は何かを問うことになるし、それによって説明責任を果たすことになる、といえるようになった。また、計画策定のときに入れなかった事務事業をやるときには、ちゃんと議会と県民に説明しなきゃいけないことにもなる。

中村編集長　総合計画と予算が連動することで、三重の新しい予算編成方式である「包括配分方式」の運用も容易になったわけですが、その仕組みの説明を。

山本総務局長　総額７７００億円ほどの14年度予算で、公債費とか人件費、扶助費、大規模プロジェクトと呼んでいる債務負担のかかった事業とか、枠配分にはなじまない事業を除いて、包括配分したのは８００億円くらいです。各部ごと積み上げた予算要求を11月の末くらいにまとめ、１月の県政戦略会議で部局長調整をやって、決着付かないものは知事査定で決定します。これとは別に「新価値創造予算」という名前で、知事３役と総務局長と総合企画局長が審査員になって、コンペで事業をマトリックス審査するものもつくりました。一般財源ベースで21億円でしたが、このような調整、審査の基礎になるのが、評価を通して把握される前年度の成果の確認、検証データであって、今年度実績で全事業の21・９％が停止、休止、見直しの対象になりました。

大森教授　予算編成は概算要求と総務当局の査定の繰り返しで決まるという従来の教科書は、書き改めないといけませんね。

山本総務局長　公共事業を担当する部は県土整備、農林水産商工、環境と３つありますが、ここでも包括配分枠を使って自主的に部内コンペを始めています。これから本格的に進む分権型社会への学習をさせていただいている感じもする。

■　評価制度と人事システムの整合性に課題

大森教授　しかし、ここで微妙に人の問題がかかわってくる。一生懸命説明したがコンペに敗れた。お金はつかない。それは担当者の力量不足なのか、施策が不適切だったのか。これまでは予算編成で、財政当局は今年は辛抱してくれ、来年には取り上げるからというやり方をとっていたが、コンペでは同じ手法は取りにくい。何らかの意味で、地域社会に影響が出てくることになります。ちゃんとした職員がいないと、この仕組みは動かないかもしれない。

そういう意味で、この仕組みは微妙に人事評価を内包せざるをえない。コンペの結果が人事の配置とか人事の政策につながってゆくと、きつい管理手法になる。そこをどうするかですね。

山本総務局長　労働組合との関係がでてきますので、これについても、全国ではじめて労使協働委員会を立ち上げて、様々な課題に取り組んでいます。管理職については01年3月から、特別勤務評定して6月と12月の勤勉手当の率で、最大で0・2ヶ月10万円位まで差を付け、インセンティブを働かそうとしています。課長補佐級以下の職員にも勤務評価制度を実施したいと、労使協働委員会にも提案していますが、非常に抵抗があります。

組織の定数についても包括配分、部署は部局で自由に決めて下さい、また部局をまたぐ人事異動も、相談がまとまるなら好きなときにやってくださいと言う制度にしました。予算の包括配分と連動して、行政経営資源も各部局で自主

【労使協働委員会】

00年5月、労働条件だけでなく、県政の政策課題をも労使協議の対象とすることで県、組合が合意、発足した。組合員は当局の決定に従ってただ受動的に働く存在ではなく、共に「生活者起点」の行政実現に責任をもつ、とする考えから生まれた。

的にということです。

大森教授　包括配分で人事についても実績評価し、若干なりとも手当に反映させていこうとしたとき、新しい施策が出てくるところは一生懸命働いているようにみえる。しかし、仕事の中にはルーチンワークや裏方的なものもあるわけで、そこをカバーする工夫をしないと受け入れないでしょう。新しいシステムが受け入れられるかどうかは、ここにかかっている。全国的にも共通する課題です。

山本総務局長　私たちも多面評価の必要を自覚しています。部下が評価をする人を評価する、あるいは苦情処理をきちんとそれを担保するといったことが必要だと考えています。

大森教授　自治体の人事制度を、国のうに右へならえするのではなく、国ではできないものをやる、ここでもう一段、自治体らしいアイデアが欲しい。

■議会も自己改革、全国の教訓に

中村編集長　議会との関係も大切な問題を含んでいるのでは。ただ知事部局の提案を待っていては意味がない。三重の議会は議員提案で政策条例を積極的につくるなど、やはり変革を目指して動いています。

大森教授　もともと二元的代表制だが、実際の運用では相当に執行部優位の体制になっている。改革を通して、ますます首長の力が強まるのを、普通、議会は嫌がる。三重県の場合は議会のほうも呼応して、議会の持っているポテンシャルを強める方向に向かっている。三重県議会は賢明だと思います。全国の県議会のありかたに対して、新しい姿を見せようとしている。全国の議会も、条例づくりの面白さを知って、高い報酬に見合った仕事をしてほしいといいたい。普通、職員が議会を批判すると、左遷されます。だからこそ、議会は自らの手で自らを改革してくれなければ。

最後に質問ですが、三重県の中の市町村の動向はどうですか。

山本総務局長　必ずしも県内の市町村全て、県のやっていることを理解して、二人三脚のようにいっている訳ではありません。今後、どう具体的な施策を持って、市町村と緊張感あるコラボレーションを実現できるか、これが大きな課題だと考えています。これまでの改革は、どちらかといえば県内部の「自己改革」の性格が強かった。その成果を、どう「生活者起点」の政策展開として具体的に打ち出せるのか。政策自治体としての改革の進化が問われる新たな段階に入ります。

大森教授　第一次分権改革によって、国と地方の関係のみならず、府県と市町村の関係も対等・協力へと転換しました。三重県が、県内の市町村とどのような具体的な関係を形成していくか、この点も全国的に注目されるのではないでしょうか。

2

飯塚厚・総合企画局長に聞く

改革の成果を、どう政策の総合化に結びつけ、タテ割りの壁を超えるか

中村編集長　多方面にわたる「三重の改革」もスタートして8年。改めてその全体像を整理するために始めた企画、大森彌・千葉大学教授と改革第一線に立つ三重県の部局長との「討論」第2回目は、飯塚厚・総合企画局長です。新しい総合計画「三重のくにづくり宣言」を基礎に、どう新しい地域政策を展開しようとしているのか、可能性と課題を論じてもらった。

飯塚総合企画局長　１９９５年、北川知事が登場、まず三重県としての長期ビジョンをどうするのか、議論が始まったようです。私が県にきましたのが、２００１年の7月ですから、又聞きの表現になってしまいまして（笑）。普通なら国の国土計画にもとづいて、地域の開発計画をどうするのか、そういう議論が中心になるのですが、三重県はそうではなくて、県庁内部だけでなく住民、企業を含めた色んな方と協働で、三重をどういうふうにつくっていくのか、「くにづくり」のあり方を宣言にまとめるという議論から始めています。

　ですから、県民アンケート調査や県民懇談会、また審議会を開いて、97年11月完成させた「三重のくにづくり宣言」の基本的な考え方は、開かれた三重を共につくるところにあって、それが「人が元気な三重」「地域が輝く三重」「交流連携の活発な三重」だと、整理されています。

　もう一つは、後に県の政策の柱になり、ある意味では日本の政策の走りにもなった「生活者起点」の県政という考え方です。行政サービスを県庁サイドではなく、県民の視点に立って行うことを基本に立てました。今では、私の出身の財務省でも「納税者の視点」とか言っておりますが、当時、非常に新しい考え方でした。

大森教授　「起点」という言葉は、「視点」ともちょっと違っていて、発想というか、やや思想的なことをも含んでいます。県というレベルの自治体で、生活者を起点に立つとは、何をどういうふうに考え、行動することなのか。しかも、この言葉はあまり他の自治体に普及せず、三重県に特化されているようにみえますが、起点に立つということで、行政が従来と変わったのか。次に登場する知事さんは、起点という言い方を続けるだろうか。

飯塚局長　私は、行政運営をやる時の頭の中の座標軸のようなものだと思っています。知事も当初、生活者の「視点」というような言葉使いでした。それが一番素直な言葉だったようですが、視点というと、やはり県庁サイドから、あるいは上からものをみている印象が拭えないということで、生活者の側からみた行政サービスをという、明快な思いを託して、「起点」を使うことになりました。

■「生活者起点」は強いコンセプト

大森教授　確かに、行政の方々は長年にわたって、行政の仕組みとか制度にそってものを考えるのに馴れ、親しんでいる。しかし、「自分も三重県の中で暮らす生活者、県民である」という自覚を持つようになると、ひょっとすると従来の実務者の発想、あるいは思考の限界を超えられるかもしれない。「起点」というコンセプトは、そういうふうに行政に携わる人を、内側から質的に変えることを仕込んだ概念じゃないか。三重のさまざまな改革を、後戻りさせないように追い込む非常に強いコンセプトとして、使い始めたんじゃないか。そんな気がします。

だから、そのような決心がない限り、他の自治体も使いにくい。本当にしみじみ考えて、システムの転換をやると決心してからでないと使えない。やはり、これは三重県に特化されるんじゃないか。

中村編集長　革新自治体運動のときに、よく「住民とともに」といいましたね。そこには、行政の制度、仕組みと住民の発想との間に、ある意味で異質なものがあるのだが、それはそれとして、行政の側が住民の方に下りていくという発想があったのでは。一種の「救済者」という視点に近かった。「起点」というのは、住民とフィールドを同じくするよう、自分たちの手で内側の論理を一度壊してみせる「鋭意」を含んでいるようにみえます。

大森教授　だから、従来のような曖昧な言い方よりも強い概念、しかも明確な概念として、インパクトの強い言葉として登場している。これが総合計画の視点にすわったということで、従来型の総合計画をどこで乗り越え、これまでとどういうふうに違ったのかということが、非常に重要になってくる。

飯塚総合企画局長　8年前の時点では、行政は機関委任事務がほとんどですから、県は国の方を向いて、国の法令に基づいて行政をどう執行するかという、国の執行機関のような意味合いで県民と向かい合っていました。しかし、今度は国というサービスの「供給者」ではなくて、生活者の方に立とうというのですから、時には単に「生活者とともに」という甘い感じではなくて、知事がいうところの「自己決定、自己責任」という世界で、生活者の側のサービスに対する負担のあり方も含めて、生活者に厳しさを突きつけている部分もあると思います。

【政策推進システム】

新しい総合計画「三重のくにづくり宣言」の政策体系と評価の体系を連動させるため、事務事業評価システムを「施策評価」「基本事業評価」「事務事業評価」の3層評価に改め、02年度から運用している。これによって、施策の進行管理機能が強化され、予算編成や組織、定数管理のツールともなり、02年度の組織をフラットにする改革につながった。

大森教授　もう一つ、この計画を構成するヒエラルキー（ピラミッド型の構造）を考えた。結構、細かい。どうして、こういうピラミッドになったのか。

飯塚総合企画局長　「宣言」では、県の事業を体系化するということで、一番上に「政策展開の基本方向」の５本柱を置き、その下に大きな政策２０本をまたその下に施策67本を位置づけています。さらに、その下に基本事業を順に展開させています。

しかし、その後、事務事業評価システムを動かすようになって、「宣言」が基本事業のところで切れていて、その下にある「事務事業」と連動していないといった問題もありまして、後に見直しをして、「政策推進システム」の誕生につなげました。当初、この事務事業が３０００余りありましたが、今は２０００余りまで減らしています。

大森教授　事務事業を減らしたというのは、どうやって。活動実体がなくなったのですか。

飯塚総合企画局長　くくり方の変更もありますが、やはり評価の結果です。しかし、それには対立もありまして、当初、廃止するものは廃止するという総務部（当時）と事業の担当部が対立しました。それは、相当に厳しいものでした。では判断を議会に委ねようということで、両方の情報をオープンにしまして、マスコミにも公開して議論を聞いてもらったところ、議会も総務部の方が正論じゃないかと判断されました。従来の議会であれば、自分たちの選挙区の道路、橋をという話が多かったと思いますが、政策論議をやることで、議会も正論に立ち、事務事業の削減につながったということです。

大森教授　この計画体系は、組織の体系でもある。基本事業というレベルは、組織でいうとどういうレベルに当たるのですか。

飯塚総合企画局長　ご指摘の通り、組織とも整合性を持たせています。施策担当が次長級の総括マネージャー、基本事業が課長級のマネージャー、事務事業を担当するのが担当者とする組織改正をおこない、組織をフラット化させました。

■「評価」にたえる「総合行政」を

大森教授　他の自治体でよく聞かれることなのだが、数値目標を掲げた評価をやっていくときに、どういう指標をとるかが問題になる。まずは実施担当者で考えろということだが、総括部門もその有効性とか適否とか、チェックを入れるのかどうか。2番目に、数値目標を年度ごとにどこまで達成したのか、達成の見込みがあるのか、ない場合にはどういう新しいものを加えるのか、そういうことに総括部門が何か言ってくるのかどうか。

飯塚総合企画局長　一次的には担当部局が数値目標を考えますが、総合計画全体を担当している総合企画局でも、目標項目や数値の妥当性について、議論をおこないます。もう一つは、県議会も議員提案条例で、県の長期計画を新た

【議会の議決事項の拡大】
地方自治法96条第2項に基づいて、議会は条例で、同条第1項が定める議決事項を拡大することができる。三重県議会は00年度、「計画議決条例」を制定、県が策定する長期総合計画、計画が5年を超える県行政の基本的な計画を新たな議決事項とした。また同年度、「契約条例」も定め、議決対象からはずされている契約でも、一定額以上のものは議会報告を求めることにした。

に議決事項とすることを決めていまして、施策レベルの数値目標の妥当性を議論していただいています。先生が先ほどおっしゃいました、年度ごとの達成状況の進行管理ですが、毎年5月から6月にかけて、成果の確認と検証をやろうということで、施策、基本事業、事務事業の各々についての自己評価の結果に基づいて、担当部局と総合企画局、総務局の担当者が、一堂に会してやります。単なる自己評価ではなく、部内的にも客観性を持った評価にしようということです。

施策レベルの評価は、今年度から初めてですが、単年度目標ごとの実績、成果はどうだったか、残った課題は何か、それに従って当年度何をすべきか、その方向性を「三重のくにづくり白書」にまとめて、未定稿版の段階から6月議会の各常任委員会で議論をしていただきます。夏ごろには県内何カ所かで、シンポジウム形式で県民の皆さんからも意見をもらい、またインターネットでも意見をいただきます。それを翌年度の県政運営に反映させることで、自己評価に客観的な担保を付けていこうとやっています。さらに、監査委員による評価もいただくことで、評価の客観性を確保しようとしています。

大森教授　都道府県の事業には、自分たちで責任をとりうる完結したものだけでなく、市町村とか県民の動きや努力によって、相当に達成度が変わってくる外部的、依存的なものが多くあると思う。依存的な事業は、そう簡単にはコントロールできない。そういう数値目標はどういうふうに。

飯塚総合企画局長　施策の数値目標では、県民にとっての成果を強く意識しますので、県民の意識の変化を目標に盛り込む必要があります。そのような意識は、県庁の努力だけでは向上しないので、コラボレーション、協働ということを、常に意識した政策をつくらなければならない。

大森教授　埼玉県で僕らがやっていることを例に話すと、青少年の犯罪比率を年ごとに押さえていきたい、上昇する比率をコントロールしたいというと、すぐ警察官の増員ということになる。そういう一面も確かにあるが、地域のあり方とか、市町村の取り組みとか、そういうものが重なって比率の達成度が決まってくる。それを、本当にアウトカムのレベルで評価が出来るほどに、コントロール出来るのかどうか。それでもやることに、意味はある。

飯塚総合企画局長　そういう手法を追求しようとすると、一部局ではできないことであって、当然「総合行政」の必要性を、しっかりと考えなければいけないことになります。

大森教授　国の縦割りがきいているところに、総合化する仕組みを持ち込むのは、すごく大変なことです。しかし、そういう努力をしない限り、自治体が自治体らしくあることは出来ないという、非常に大事なメッセージになっています。

飯塚総合企画局長　三重県庁も発展途上で、縦割りの慣行は当然残っているんですが、部局ではなく、施策という単位でものごとを考えるということで、だんだん総合行政ができていけばと、考えています。

■ 求められる「公選首長」らしさ

大森教授　私の説でいえば、知事さんを一人選んでいる最大のメリットはここにある。首長が独任で選ばれるから、首長のもとで施策は総合化しやすい。そのために公選の知事さんが、最も知事らしい判断の出来る仕組みをつくって、支えるべきで、それが行政の補佐機構の本来の役割だと思います。ところが、今までは公選首長をないがしろにするようにしか、動いてなかった。

いろんな仕事が来たときには、第一義的に都道府県の内部が横につながり、さらに市町村につながることによって、人々の暮らしや地域が成り立つような行政の姿に、一歩でも近づくというのが自治体の本来の役割でしょう。それを放棄していたら自治体は、自治体らしくない。三重県は公選首長をないがしろにせず、公選首長の特色を生かすための仕組みを期せずしてつくり始めた。非常に大事なことです。

中村編集長　総合行政という意味合いから、三重県は重要な取り組みを始めています。例のシャープです。90億という県費を投入して、一企業を誘致するだけであれば、当然、強く批判されるでしょう。しかし、県はあそこで産業政策と地域政策を総合させようとしている。経過を少し。

飯塚総合企画局長　従来、都道府県には産業政策らしきものはなくて、国の産業政策に追随するのみで、せいぜい中小企業対策をやっているということだった。そういう中で、世界に通用する液晶産業が来ていただけるのですから、これを核に三重県の産業構造を変え、かつ地域をより魅力あるものにしたい。そのための総合的な政策を打ち出したいと、知事共ども考えました。そこで、2つの戦略を立てました。

一つは、知識情報産業集積の形成による地域経済の自立化でして、企業を外から誘致するだけでなく、それを核に技術革新が内発的に生まれてくるような、強靱な産業構造へ転換を図りたい。もう一つ、それに基づいて地域社会を持続的、内発的に新しい価値を創造出来る、自立した構造に進化させたいということです。

どちらが欠けてもだめで、魅力あふれる地域を作ることで、知識情報産業を支える人材が集まってくる。相乗効果のある政策をつくりたいと、知事から非常にハッパをかけられて、従来は2年も3年もかけて企画していたが、そんなことではダメだと、今年の9月に総合的な政策パッケージ「プロジェクトC」を打ち出した。

■「産業政策」と「地域政策」の両立求めたい相乗効果

大森教授　今の地方自治法上は、都道府県の事務は3つになっている。広域的なものと、連絡調整と、市町村の補完的な仕事です。説明されている県の仕事はどれに当たるのだろう。改正地方自治法が前提にしている都道府県の仕事は、従来型のものを整理しただけで、三重県の新しい仕事をくれないでしょう。こういう新しい仕事は、3つの仕事を合体するような、新しいカテゴリーになるんじゃないか。既存の制度論の中に簡単に当てはまらない、新しい事業に都道府県が乗り出し始めると、従前の地方自治論じゃ無理ですね。地方自治法も直すべきですね。

飯塚総合企画局長　あえて言えば広域行政ということかもしれませんが、私の気持ちの中では、国がやってくれなくても、この県において独自で政策をつくるんだと、そういう気持ちが強かった。

中村編集長　プロジェクトCを進めていく中で、縦割り行政が大きな弊害になっている。国の縦割りが県、市町村にも持ち込まれている。一つひとつ仕事が小分けになっていて、いくら寄せ集めても総合性が出てこない。

飯塚総合企画局長　非常に大変でした。そういう意味では、総合企画局の中にプロジェクトグループを置いて、1＋1＝2以上になるよう相当苦心したつもりです。県庁だけではとても出来ない、県内の大学をはじめとした高等教育機関になにをしていただくかとか、シャープにはどういう役割をしてもらうか、工場を立地する亀山市、関町、多気町を加えたコラボレーションがより大事だということで、政策パッケージの中にも、県庁が行う政策以外に、他の主体がやることも入れていただいた。

今回のことで目新しいのは、県が国に政策発信してもいいではないかということで、国の特殊法人、日本政策投資銀行の東海支店に、県の考えにあった制度をこしらえてほしいと、持ちかけました。支店から本店に話をしてもらいまして、新しく進出してくる液晶関連企業の設備投資資金に対する制度融資をこしらえてもらった。従来の県の中で閉じこもっているのとは違うコラボレーションをかなり模索した。

中村編集長　制度融資をもう少し詳しく。

飯塚総合企画局長　政策投資銀行の制度融資には、色んな種類がありますが、いずれも長期固定金利で融資するわけです。金利水準は全体的に低いのですが、その中でも相対的に高い金利、中位の金利、低い金利とあり、東京発の国策みたいな話には、一番低い金利が適用される場合があるそうですが、地域政策みたいなものについては、一番低い金利は適用されない。そういうのがこれまでの流れだったようです。しかし、お願いをして、財務省からも認めてもらったそうですが、都道府県発の政策に国策適用の一番低い最優遇金利を適用してもらいました。政策投資銀行で初めてのことだそうです。

政策投資銀行の東海支店の方も、地方から本店を説得して、地域発で新しい制度をつくったということになります。これも1つの新しいコラボレーションです。亀山、関、多気のまちづくりの方は、非常に時間がかかるのと、県庁の力だけではどうにもならない話でして、ここでも住民も加わったコラボレーションが問われることになります。

大森教授　地元の市町村にとっては、県の戦略的な事業が、自分たちにとってどういう意味があるか、すぐには分かりにくい。

飯塚総合企画局長　地元からすれば浮き世離れした話になりがちだということと、県から押しつけられたということにもなりかねない。そこは対等協力という関係を大切にしなければいけない。専門家を地元にお招きして、共同で勉強会を始めるところからスタートする必要があるのかなと、今のところそんな企画をしています。

大森教授　「協働」というのは、今までのような「おんぶにだっこ」でもないし、依存型でもないし、新しいスタイルの関係を新しい戦略的な事業を通じて築いていきたいということでしょう。大きな意味で言うと、ここでは単なる行政を超える、いい意味での政治的な能力の問題になる。

中村編集長　政治的という意味を。

大森教授　行政的という時は、一定の制度を前にして、一応その行動予測の中でいろいろ議論して働く。したがって、制度ぎりぎりまで動くことを、行政能力と考える。政治はその制度の一部を突破させたり、変質させる機能です。コラボレーションも総合化も、そこで期待されている能力は、通常の行政能力を超える政治能力、いい換えると、突破する能力が必要になってくる。

ブレイクスルーという英語があるけど、従前のものを突破する、突破したときパラダイム転換も起こる。それに類する力のことです。三重県は全体としてこの力を増した。他と比べたら生き生きし始めた。今回の新しい戦略的な産業政策・地域政策はそういう能力とか苦労を要するんじゃないでしょうか。

飯塚局長　実務として組織を動かす部分は役人とか、部局長の役割だと思っています。その前の構想力とか、ビジョンを示すのは知事の役割だと思ってまして、北川知事のそれがあったからこそ、我々がそれをどう実務に落とし込んでいくかという作業が出来ました。

3 長谷川寛・環境部長に聞く

産業廃棄物税に始まり、「環境会計」「排出権取引・三重モデル」づくりと続く

中村編集長　三重県はかつて、四日市公害に苦しんだ公害県でした。それが今、全国初の法定外目的税・産業廃棄物税をつくるなど、環境政策をリードする県という評価を固めようとしています。地球の温暖化であれ何であれ、環境破壊の被害が具体的な形となって現れるのは、われわれの生活の場である地域にほかなりません。その意味でも環境政策が地方自治に占める重要性、重みは極めて大きい。そこ

で、論点を三つ用意しました。一つは、産業廃棄物税が今、どんな政策課題の解決につながっているのか。二つには、かつての四日市から三重県は何を学んだのか。三つ目に、環境政策と地域政策が不可分のものであることをどう認識して、そこにどんな課題をみているかということです。

長谷川環境部長　産業廃棄物税は、確かに税の一種ですが、どちらかというと環境政策を推進するための税ということで、われわれでいう税担当の総務部門ではなくて、環境部門にシフトを置いた形で立ち上げました。そして今、大変うれしい現状にあります。１つには、奇妙に聞こえるかもしれませんが、税収が大幅に減りそうなのです。税は２００２年度から施行しましたから、実際に税収が入るのは、この７月末ですが、03年度当初予算では４億数千万円の税収を見込んでいました。ところが、実際にはそれが１億３０００万円にとどまりそうなのです。大幅に最終処分量が減ったためです。

これに対しては、いろんな意見がありますが、私どもは、産廃税のインセンティブが働いた結果だと考えています。この税の対象は、どちらかとえば排出量の大きい大企業で、しかもトン当たり１０００円です。コストから考えれば、県外に運び出すメリットは必ずしもあるということではないとみています。いろんなアナウンス効果があって、リサイクルなり、そのための研究開発が非常に進む循環が生まれている、と受け止めています。言葉を換えれば、特別の削減施策を打たなくとも、企業が自ら、環境と経済を同軸にとらえる環境経営を推進し始めたということではないでしょうか。

大森教授　税を環境政策と結びつける発想は、これまであまりなかった。この税は、もともと県庁内部の自主研究グループから出た案でしたが、税務課の課長さんが、実に生き生きしていたことを思い出します。もともと税の担当課というのは、決められたことを、決められたように処理するのが仕事であって、およそ税と政策を結びつけて考える体験などなかった。ですから、税の担当の皆さんにとっても、非常に新しい息吹であり、これが大きかったと思います。また、お話のように、見込んだ以上に排出量が少なくなったのですから、それなりに成功もしているということでしょう。これが私の全体的な見方です。

中村編集長　税を税としてではなく、政策の一環としてとらえることに、必ずしも賛同しない議論も、実際にはありましたが。

【産業廃棄物税】
従来の枠を越えた積極的な施策を展開するための財源確保を目的に創設。都道府県レベルでは全国初の法定外目的税として、02年4月から施行している。県内の産業廃棄物処理施設への搬入量に応じて、トン当たり１０００円を排出事業者に直接課税する。税収を用いて、事業者の廃棄物減量化の取組を支援するほか、最終処分場の円滑な確保を図っている。

■　自主規制へ企業努力を促す「税」

大森教授　法定外目的税をかけるときには、まず何か財政需要があって、そのため広い意味での県民に負担を求めて、それで施策を実現していくというのが、従来の税の理論です。だが、環境政策とのからみでいうと、この理論の方が遅れているのではないか。つまり今、指摘されたような効果を生み出すことが目的であって、税はその手段です。だが、税の方から先にみると、税収を確保してそれで何かをやる、そういう風にしかならない。環境以外の政策領域でも、そういえるのかどうかは、少し細かく検討すべきだと思いますが、税の理論そのものを組み立てなおす必要があるだろうと思っています。理論的な着眼点を少し変えた方がいいのではないかというのが、私の見方です。

長谷川　全国で初めての税でしたから、研究者からいろんな批判もありました。しかし、大変ありがたいのは、三重県の産廃税が課税自主権の活気、盛り上がりをつくったのではないかという評価です。私たちにも、地方税のあり方、その水準を改めて見直すきっかけはつくったかな、と感じる所があります。

大森教授　もう一つ、税の徴収というか税務行政、実施体制をめぐっていつもあるのは、税と税収コストの問題です。県だけでなく民間の方にも納入準備、手続きや文書を整えるといった仕事が必要で、これら全部が税務関係のコストになるわけです。ですから、このコストと税収の大きさとの関係で、縮こまってばかりいると、税をかける理由などないじゃないかということになる。地方税について、ずっとこういう議論をしてきたんです。この意味で、このタイプの税で税務コストをどう考えればいいのか、新しい課題が示されたのではないかと思っています。

長谷川環境部長　いろんなところで、そんなの税じゃなくて、課徴金だろうといわれているのも事実です。今までの県の環境行政にも、規制する法がなければ何もできないという「規制の概念」が強く働いていました。しかし、今回の結果が示すように、法の規制がなくても、企業の側が環境と経済を同軸にとらえて、自主的な規制に動き始めた。税がそういう動きを促す機能を持つことを教えられました。

中村編集長　九州では5県が足並みをそろえて、産廃税を造ろうとしています。紀伊半島全域にも、三重のような取り組みを広げるべきだという議論があります。

大森教授　環境に負荷を与えるものにも、色んなタイプがあります。比較的に地域限定的なもので、一定のリージョンでトータルにとらえないと、全体の負荷を減らせないというものもあって、リージョン全体の環境管理をうまく進めることは、環境問題を考える時の基本です。

長谷川環境部長　紀伊半島とか近隣府県で、一番連携を取ってやっているのは、廃棄物の不法投棄の監視で、すでに県境をまたいだ監視のネットワークができています。私たちの本当の思いでは、そんな自治体間のネットワークに対する、国の制度保障を要望したい。ですが逆に、国の制度の方が足かせになっている所もあります。また、どうせ補助金をいただくのであれば、本当に必要なものをいただきたい。国のメニューをこなす事業費として下りてくる「霞ヶ関メニュー」ではなくて、やはり地方分権の時代ですから、地方発でやりたいという思いがあります。

■ 県と県警に「分権的」連携を生む

大森教授　産廃をめぐって、また違った意味で、現場にはとても厳しい声があります。都道府県の民生部門の所管だけでは監視、指導は無理で、仕事を県警本部の方で引き取ってくれないか、という議論を聞きます。人事交流で警察の応援も得ているのでしょうが、実際に強制力を働かせる仕事のあり方として、都道府県と警察、どちらの方を主に考えるかという問題です。私は今の国家警察的な体制、すなわち県警本部の権限の方をむしろ分権改革して、都道府県の方に、実質的な力を与える議論の立て方もあり得るのではないかと考えています。

長谷川環境部長　三重県では県警から県へ、出向や派遣の形で10人の警察官にきてもらって、化学部門などの県専門職員と二人セットの監視班を10班編成、廃棄物の監視指導チームをつくっています。さらに、このチームのマネジャーには、「警視」の肩書きを持つ警察署長クラスの人が座り、当然、県内の各警察署とも連携を取りながら、チームを動かす手厚い態勢で臨んでいます。マネジャーの身分は県警と県の「併任」という形を取っています。

大森教授　その警視の指揮、監督はどなたが。

長谷川環境部長　それは、総括者である私です。法に基づく取り締まりの権限は県警にあり、条例に基づく監視、指導は県の任務ですが、両者は切り離せない表裏一体の関係にあるという認識に立っています。

また、三重県では、県の部長会議や県政戦略会議にも警察本部長が出席します。ですから、行政のほうが進めていることに対して、警察本部は別だという考え方ではなくて、一緒に出来ることは一緒に取り組んでいただいている。例えば、最近は青少年問題を考えて、教育委員会への警察本部からの派遣も受けていただいたようです。

中村編集長　部長会議に本部長が入るのは、三重県では長いのですか。

長谷川　北川知事になってからです。

大森教授　事実上、警察機能が自治体の業務に変わっているという姿ですね。これほどの態勢は、まだ少ないのではないかという気がする。いいことですよ。

中村編集長　三重県が、そのように環境に積極的に取り組んでいる背景には、四日市公害の教訓、重みというものがあるのでは。

長谷川環境部長　それはあります。企業も痛い目にあっていますし、地域住民も環境にすごくシビアーです。公害の事後対策にどれほど大きい人的、経済的なデメリットがあったかを身をもって知っていますから。特に訴訟が長く続きましたから、予防的な対策を立てるときには、地域住民、地域の市町村、企業、みんなで話し合ってやるということが根づいています。ですから、産廃税の時もそうでしたが、合意形成まで時間がかかります。単なる企業いじめではなくて、そこには資源循環型社会を作り上げるという大きなねらいのあることが、時間をかけて企業の側にも理解されたのだと思っています。

最近、感心したことですが、去年、四日市市内で「四日市公害問題の再評価と国際環境協力」という、韓国を含む国際環境シンポジウムがありました。主催は三重大学で、三重県、四日市市、日韓の学会も加わり、「今また、韓国にかつての四日市に近い状況があるので、なんとかすべきだ」という議論でした。

三重大学の医学部は四日市喘息などで、大きな貢献をした所ですが、あの時の教訓を次世代に引き継ぐことを真剣に考えていただいているということを、強く感じることが出来ました。

大森教授　四日市そのものも地域として再生し、歴史を歴史としてきちっと評価して、それを外国に伝えることが出来る所まで到達している、ということでしょう。公害問題に、これから直面する外国にも役立つよう、正面から努力して欲しいですね。

■「荒々しい時代」の再現許さぬ四日市

長谷川環境部長　１９９０年のことですが、県と四日市市が15億円ずつ、企業も２３０社で計32億円を出して、四日市の桜というところに、財団法人の国際環境技術移転研究センター、ＩＣＥＴＴをつくりました。建物を整備、基金を運用して、海外約60カ国からの研修を受け入れたり、公害対策の技術移転をしかけたりしています。公害の原因者側になった企業も入っていますから、何かあれば実践力のあるものがやれているという所も、魅力の一つなのです。これが、もう少し国レベルの機関、研究センターの取り組みにも発展していくとよいのですが、わが国では、地方で立ち上げたものは地方止まりということになって、そうもゆきません。基金の運営も難しくて、非常に困難な状況になっていますが、そう言う状況でも、これはなくすことは出来ないです。

大森教授　今、企業として繰り返し国際協力することが、この分野でのコーポレート・ガバナンスに不可欠のことになっている。ですから、企業が地域の問題とか、環境とかで、きちんと行政や社会と共生できる仕組みがあることが、非常に大事なのです。

あの当時は、荒々しい時代でした。それが、だんだんと、地域や環境と折り合えない企業活動では、もう生きて行けない、それが当たり前なんだという時代に入ってきた。ですが、またちょっと新しい技術がおこってきて、要注意だと思っています。時代はいつでも、また荒々しくなり得るんです。ですから、いつも全体を見ていて、注文をつけたり、激励したりする環境政策が大事ではないかと思います。

長谷川環境部長　今回、三重県は90億円という補助金を使って、亀山市にシャープを誘致しました。多気町でもシャープの工場が拡張されます。企業活動を拡大すれば当然、CO_2の排出量が増え、地域との関係で色んな問題が出てきます。ですので多気町では今年から、次の年からは亀山市で、ライフ・サイクル・アセスメント（ＬＣＡ）の手法を導入、経済産業省の指定を受けて環境経営都市づくりを始めます。企業の社員は出勤に、車ではなく公共交通機関を使うとか、企業内の廃水処理を徹底し、燃焼施設も造って廃棄物を地域には出さない、浄化した水は、リサイクルするとか、そういうところまでの企業側の努力を求めることにしています。

大森教授　企業の社会貢献の概念は、単にボランティア活動や福祉をやるという話ではなくて、企業にきちんと振舞ってもらうことが、何よりも地域にとって大事なことである、そういう風に社会貢献の概念が拡大するようになった。

中村編集長　そんな新しい流れの中で、さらに三重県としての課題をどのように語られますか。

長谷川環境部長　今まで、どちらかといえば内発的な、小さなことを積み上げることで、環境先進県づくりを目指してきました。その結果、全国初、全国一の取り組みが県内に23あるといった、そういうことも1つの励みでした。それはそれで大切なことですが、地域の本当の意味でのまちづくり、先に触れました環境経営都市というような、環境政策と産業政策を融合させたところで結果を出さなければいけない。地域政策としの成果を示さなければいけない。これが、一番大きな課題です。

これまでの考え方で行けば、地域政策といえば、県庁の内部では地域振興部の担当ということですが、それだけでは環境政策と結びつきは出てこない。県のあらゆる施策で、環境が配慮されなければいけないわけで、今年、「環境会計」を導入しようと考えています。各縦割りの部局施策に、環境という横串をいれてみる。それがうまく行って初めて、環境施策の「Ｐｌａｎ・Ｄｏ・Ｓｅｅ」のサイクルが本当に回るということだと思います。

■ 環境は「総合行政」なり

大森教授　私は、環境行政というのは総合行政だと考えています。水でも空気でも何でもそうですが、環境に負荷を与える主体はいっぱいある。それを行政の場では、それぞれの個別法で管理しているわけ。ところが、ある非常に限定的なところだけに目を向けて行政を行うだけでは、完結しないことがいっぱいある。水質とか空気、排気ガスとか何でもそうですが、環境全体を管理するという大眼目のもとで、個別に発生してくることに、ものが言えて、個々の事業についても調整権があるところがないと、本当の環境管理なんてできるはずがない。

しかし、環境庁は省に昇格しても、権限もないし、お金もないし、人も少ない。しかも、混ぜこぜの人事でしょ。事業を持っている省庁が個別法を所管していて、許認可権を持っているものだから、なかなか環境庁が全体を調整して、環境についてある目標を達成していくようにはなっていない。

分権の時代に入り、国に出来ないような総合行政をこそ、都道府県がやり抜くということが大事になってくる。そうすると環境部長さんのところは、およそ人間の活動全部が環境に負荷を与えるものですから、あらゆる人間の行為に最低基準を設けて、遵守を求めたり、あるいは率先してある事業を展開したり、激励したりして行くことになる。

そういう意味で、環境部門が中心でなければいけないんだ、という風に時代は動いているはずです。だから、県の組織でも最も重要な部門として、環境担当がいなければいけない。

現在、とりあえず核になり得るのは、都道府県レベルだと思います。その内部に環境を基軸に個別の事業や個別法の縦割りを許さない、ある種の総合行政をやり抜く強い体制を敷く必要があるでしょう。三重県がいままでやってきた一連の改革を、さらにシェイプアップするためにも、この領域での新しい取り

【京都議定書】

１９９７年12月、京都で開催されたＣＯＰ３（地球温暖化防止京都会議）で採択された気候変動枠組み条約の議定書。先進国にＣＯ２を中心とした６種の温室効果ガス（ＧＨＧ）の法的拘束力を持つ排出削減目標を定めている。削減目標は２００８～12年の間に、90年基準比で日本６％、アメリカ７％、ＥＵ８％など、先進国全体で５・２％と定め、森林をＣＯ２などの吸収源とみなし、吸収量の一部を削減量として認めている。01年10月モロッコでの締約国会議（ＣＯＰ７）でこれらの仕組みの運用ルールなどが、最終的に合意され、その後ＥＵ（02年５月）、日本（02年６月）などが批准を行ったが、アメリカは01年３月に離脱を表明している。国内的には、京都議定書の目標を達成する実効ある制度と対策強化が課題である。

組みに期待しています。

中村編集長　サスティナブル（持続可能性）という概念が、初めは地球環境そのものを対象にした概念でしたが、環境を突き抜けてというか、市民生活も文化も経済の仕組みも、すべてサスティナブルなものにならなければいけないという具合に、総合概念として広がっていきました。このことなど、今のお話にある環境の総合性を、象徴的に示すものだと思います。

大森教授　持続可能性という概念も、いろんな意味で拡散しましたが、いまのようなことを考えるとキーコンセプトですね。やはり日本の高度成長期のあの荒々しさは勢いがあったし、何んとなく郷愁のようなものもあって、いつもドロドロと危ないものがあります。荒々しくなければ、経済は復活しないなんていうものではないし、環境行政は本当に要になってくると思う。部長さんも言われたように、より積極的に、産業政策も含めた地域政策の中に融合するような環境政策を打ち出すことが、求められていますね。

■ 国に問題提起できる政策力を

長谷川環境部長　産廃税もそうでしたが、地方分権のこの時代ですから、ただ待っているのではなくて、国に打ち出してもらうべき新しい取り組みを、まず県レベルから何か具体的に示していく必要があると考えています。そこで、地球温暖化対策の1つとして京都議定書にも取り上げられたもので、ヨーロッパではすでに動いていますが、日本ではなかなか動かない「排出権取引」の勉強を昨年6月ぐらいから、職員の間で始めました。

　県内の企業30社と協力して、三重県モデルを作ろうということで、シミュレーションを始めたところ、環境省のほうから声がかかって、環境省がお金を出す委託事業になりました。しかし、県の中にも、これは国の仕事じゃないか、県民の税金を使ってとか、色々ありました。最終報告書をつくって、また公表しますが、まず、われわれが具体的に動いて、具体的な結果を持って、それを国が取り上げて地方と一緒にやる仕組みが、一つ実現したということです。

中村編集長　もう少し、具体的に説明を。

長谷川環境部長　排出権取引というのは、企業の大気汚染物質の削減努力に報いる制度で、定められた基準以上の削減量を売ることが出来るシステムです。では、三重県で実際にそういうルールを生かすことが出来るのか、企業に入ってもらって実際に端末機を使って取引してもらったんです。自分のところは、こういうことで、これだけの削減余剰枠がある。反対に、削減枠を達成できていないところは、自前で削減を図るか、余剰枠を買って削減枠に充てた方が有利なのか。実際にシミュレーションを重ねてもらったわけです。

　最終報告書が出来れば発表しますが、三重県は森林県ですので、大きなCO_2吸収源を持っています。さらにRDF発電もしてますから、そのクレジットで森林整備をするとか、それをさらにCO_2の削減に結びつけ、資金を循環させて色んな地域づくりを図ることも可能になります。

産廃税は、税の担当の若手研究者からスタートしましたが、これは環境部の職員から始まった取り組みです。

大森教授　山林を持っているところが、都市部に水源税をかける発想と似ているものですね。都市の真中はCO_2をただ排出しているだけだが、山の緑がそれをちゃんと吸収している、そこにはコストがかかっているわけだし、それを維持するためにお金を出したらどうですかというのと似ている。例えば、東京でどれくらい出ていて、山の中のここでどれくらい吸収され、どれくらいコストがかかっているか。それが、計算できているんです。トータルに環境の一定の質を保つために、誰がどういう風に、どれだけ負担すれば合理的なのか。そのシステムを考えるということです。

中村編集長　お話を通して、一つ気づいたことですが、府県解体であるとか、機能の縮小を主張する議論もありますが、県が議論にあるような総合行政の担い手になることが出来る事実を示すことで、自治体としての存在意義を実証してみせるという一面も指摘できますね。

大森教授　都道府県を合併させてね、都道府県廃止という議論があることは知っているけれど、新しい時代における都道府県が様々な可能性を発揮できる、その可能性はどういうところにあるのか、ということをしっかりとらえたうえで、そういう都道府県の活躍を大事にしたほうがいいんじゃないかと思います。

また、先ほど警察と行政も一緒につながって行かなければいけないことを指摘しましたが、県は市町村ともしっかりと連携しなければ行けない。産廃の現場は市町村にあって困っているが、権限は何もない。都道府県の方で、きちんとした横につなぐ行政をやってくれることが、市町村にとっても励みになる。都道府県のあり方に、そういう分権の時代にふさわしい変化が起こってくることが、大事なんじゃないだろうか。

長谷川環境部長　三重県は、「生活者起点の県政」を目指すということで、誰のためにその業務をやっているか、なんのためにやっているのかと、事務事業目的評価表で自問自答しながらやっています。ですから当然、関係業務は自分達のパートナーである市町村の意見を聞き、一緒にやっていくと言う姿勢は、かなり充実してきていると思っていますし、それがこれからも重要な課題であることは深く自覚しています。

4

吉兼秀典・県土整備部長に聞く

公共事業改革をめぐって

中村編集長　公共事業は無駄と贅沢の象徴のように語られる。県の仕事でも、とても大きな部分を占めるこの事業の課題をどう超えるのか。三重の改革における大きな山の一つである。１９９８年、道路の延長、改修工事の緊急性、必然性、それがもたらす成果を客観的に評価し、全データを公開して、着工の順位を決める「道路整備10箇年戦略」をスタートさせている。それを基点に、公共事業の透明な入札、施工、成果の見極めが可能になる仕組みを求める改革も拡がっているがその現状と課題を論じてもらった。

＊　＊　＊

中村編集長　県土整備部という名前そのものが、まだ全国的にみても珍しいですね。

吉兼県土整備部長　三重県が最初で、今四つか五つくらい同じ名前になったんじゃないでしょうか。

中村編集長　こんなネーミングにも、三重の改革の意欲を感じさせられます。土木部といえば中央直轄の縦割り構造にあって、その内部も道路とか川とか、ミニ縦割りになっている。農林水産も同じような構造で、非効率的あるいは無駄な公共事業があるということで、構造改革の第一の対象にもなっている。そういう意味で、地方自治体の中で最も古い体質、古いリズムを持っている部門だという指摘を、まぬがれないと思うのです。そこになんとか新しい仕組みを作り、育てたいという意志が、このネーミングに表れてると理解している。その象徴が道路整備10箇年戦略だった。分かりやすいシステムで、族議員の悪影響を排除していく機能も大きく、そんなことで、大きく全国の目が三重県に向きはじめたといえると思います。

吉兼県土整備部長　当時、私は他の県にいましたが、10箇年戦略は外から見てもすごいことをやったなと思いました。縦割りとか、議会関係者との調整を、従来はアンダー・ザ・テーブルでやっていたものを表に出して、数字化し、点数付けして、それをもとに、７５５箇所もあった工事箇所を２８４箇所に絞った。まさしくそれを、市町村長、県議会、県民のコンセンサスを得た形でやった訳です。それも中途半端じゃなくて、県の道路を直す全事業を対象に、いわゆる県単独事業と補助事業両方含めてやった。地方自治体の感覚からいくと、県単独事業はその都度、現場の人が要望を聞いてやるために、事業そのものをプールしておきたいという思いがあり、10年も先まで固定されるのはかなわないという感覚でした。それを、あえて三重県はやった。こちらへ来て、それが着実に根付いているのを見て、成果が出ているなという気がしました。

確かに、絞ったことを県の議会も市町村長も認める、逆にそこへ入れてもらうように要望活動もありますけど、計画そのものが一つの物差しになって、そこで整理がされていくのはいいことだなと思っています。10箇年戦略ができた98年から02年までの５年間、予算は減りましたが、何とか事業量を確保したなかで、箇所でいくと、７割から８割弱ぐらい事業を達成しています。延長工事だけをとると、１００％達成した状態です。

今、一定の枠の中で重点投資をしようということで、見直しをやっております。世の中がこの５年間で変っており、ニーズの変化を考えなければいけないということで、２年近くかけて、アンケートをとったり、市町村長のヒアリングをしたり、客観的な資料を集めて、従来の評価軸を見直し、安全とか安心、交通事故とか防災とかに対するニーズの高まりを反映させようとしています。例えば、野呂知事と協議して、とりあえず10年計画を15年に延ばそうと、従来のペースをすこし落とそう。しかし、その内５年間は重点期間として地元の方々の要望を受けながら、重点的に必要なものを仕上げようと考えています。県民が平等に満足するように、我慢するとしても、平等に我慢するようにということで、点数評価をするのですが、一方で地域の事情、地域の思いとの摺り合わせをしながら、地域でつけた順位に基づいて計画の枠内で重点的にやるものをピックアップしていこうということをやっているところです。

■ エレガントな政治過程への組み替え

大森教授　この手法は何をやってるかというと、結局、県民の満足度を高めると言っているけれども、地域や個人から色々要望が出てくるが、それは客観的ニーズと必ずしも一致せず、ずれてしまう所がある、それをコントロールする仕組みをつくった、ということじゃないですか。色々評点を与えながら、また何がしか重点箇所をつくったにしても、満足度を実現しているのではなくて、「納得できる」ようなシステムを構成しているんです。要は、満足しなくても、納得することはあるんですよ。実は三重県は満足度を満たしているのではなく、みんなが納得できるシステムを作った。

だから今回も色々基準を変えたり、社会の変化に応じて変えているということは、そうすることによってみんなが納得し合えると思っているからですよ。

もう一つ、人間活動の利益はどこかで政治家達の利益につながっているもの

【道路整備10箇年戦略】
98年度から10年間の道路整備の実施計画。県管理道路のうち、整備が必要な７５５箇所を対象に県民生活の利便性や安全性の向上などからなる37項目により道路整備の必要性を客観的に評価し、２８４箇所の重点整備箇所に絞り込み優先順位をつけて整備を進めている。また、戦略を公表することで計画の透明性を確保している。現在、戦略の見直しを行っている。（「地域政策――あすの三重」02年秋号No７に詳しい。）

で、国も都道府県も、政治家たちの利権構造が、程度はどうであれからんでいて、結構うるさいですよね。それを全部遮断できないまでも、彼らもしょうがないなと思えるようなシステムを開発した。実に知恵があったというのが僕の見方です。

吉兼県土整備部長　まさしく同感で、私も10箇年戦略を説明するときに一番のポイントとして、いま大森先生がおっしゃったようなことを言っております。最終的にどんなやり方であろうが、やり方を納得すれば、結果に対しては従おうじゃないかと、一つのルールというか暗黙の了解さえできればいいだろうということです。過去をみると、各団体ごとに議会に報告したり、市町村長に報告したりして、こういうやり方でいいですかと言って、最終的に出てきたものをみんなで受け入れましょうということをやってるんですね。できるだけ途中途中をオープンにして、それに対して文句があれば言ってきてちょうだいということです。

大森教授　巨額なお金が動くし、関係者に影響が強いから、どういうやり方をとっても、公共事業の決定過程は広い意味で政治過程とならざるをえない。その政治過程を、三重県はちょっとエレガントにした。政治過程であることを完全に終わらせることなど、生やさしい話ではないが、他と比べるとエレガントになった。本質は変らないけど見栄えのいい政治過程に変えたところに、このシステムを変えた良さがあって、なかなかの知恵だったと思います。

中村編集長　先生の満足を納得と言い換えるのは、大切な内容を含む指摘だと思います。満足と言うときには、サービスの受け手として満足するという意味であって、そこにいるのは政治決定の主体者としての住民ではなく、市場における受け手としての住民でしかない。納得ということになると、主体者として、様々な希望はあるが、この程度でやむなしと判断する自己決定のプロセスを含むことを意味していると聞きました。

大森教授　新しい知事さんになったのですから、県民満足度という概念を少し転換されたらどうかな。新しい知事のもとで、本当に県民満足度という指標でいいかどうか、新しい発展的な概念を導入した方が分かりやすいし、説明しやすいし、改革に役立っていくんじゃないか、そういうことを理論化してみたらどうかなと思います。

中村編集長　道路公団の一連の大騒動も、10箇年戦略のようなオープンなシステムを持ち、納得度を重視する視点があったら、早くに解決してますね。

大森教授　公共事業の現場は生々しい、生き死の問題になる。それを満たす、最大的な満足度をどこに置くかなんて言ったら、そこに落ち着くための政治過程ってすごいですよ。へたをすると、従来以上に非常に泥臭い勢力を持っていないと、ねじ伏せられない。自民党は、まだ、それをやってるわけです。その手法が限界に行き着いてることは明らかで、三重県はそれを超えようとしている。モデルとしては、国の方がもうちょっと変えたらどうですかと言えますが、国の単位で本格的にやれるかどうかですね。

吉兼県土整備部長　国みたいな大きいところではなかなかそういうのは…、10箇年戦略は現場に近いから可能だったという気はします。そういう意味で、地方分権がとても大切だということになるのかもしれませんが、現地に根ざして住民も含めて、現場の納得を意識しながら物事を決めていくシステムを作るとしたら、県でも大きいのかもしれない。

大森教授　評価基準を明定して、プロセスもオープンにする。これで決めるからこそ、みんながアウトプットを受け入れることが可能になっている。

政治過程の組み直しを上手にやれてるわけで、だからこれは一つの政治学なのです。

中村編集長　吉兼部長さんは国の人事で動いておられる訳ですが、国のセクシコンに戻られることもある訳で、自治体で体験したことが、ご自身にはどういうプラスにつながってるとお考えですか。

吉兼県土整備部長　それは計り知れないプラスと言いますか、前は別の県で課長でいたこともありましたが、その時に勉強になったこともありましたけど、三重県に来ての2年間で、基本的に行政マンとしてのあり方に対する、基本認識を新たにさせられたという思いは強いですね。

大森教授　僕なんか見てると、旧建設省時代から、新しく国土交通省になった後、国は変ってきたと思います。もともと、都市計画には比較的新しい事をやろうとした人が多かったが、伝統的な公共事業の部門は固かったと思うんです。でも明らかに変化した。いろんな現場へ行って聞いてみると、河川も道路もいろんな事を理解してくれるようになって、地元がきちっとそう考えているのならそれでいいじゃないか、と言ってくれる人が増えてきたと、明白に変わり始めたと思う。

吉兼県土整備部長　世の中の流れがそういうふうになってきたから、変らざるを得ない、もちろん国にリーダーがいたのも事実でしょうけど。

私個人の信念ですけど、公共事業行政はもともと現場で始まったんです。現場主義でやってきた事業が、いつの間にか中央集権の中に組み込まれて、完全中央集権になった弊害が出てきて、また、現場主義に戻りつつある。そこに住民が入ってきて、基本的にはある面では、昔のいい部分を再現して戻っている部分もあるな、という感じもするんです。

大森教授　そういう大きな変化の中で三重県を見ていると、それをやや先取りするような形で、独自に取り込み、うまく時代適応的なことをやってきたのではないか、それはたぶん一般化すると思う。

■ 縦割りの壁を超える推進本部

中村編集長　県土整備部というネーミングには、縦割りの壁を、行政の中央集権主義を、超えていきたいという思いがこもっているわけですが、ネーミングには手こずったんでしたか。

吉兼県土整備部長　私の来る前の話で、よくわかりません。当時の建設省も抵抗はなかったと思いますが、ただ、いいネーミングを考えたなと思います。

大森教授　包括的な言い方ですよね。縦割りを減らしていく方向の組織名ですからね。何と比較対照すると分かりやすいかというと、地方課を市町村課と変えたあれとそっくり。間違いなくこれは新しい時代にふさわしい組織名なんですが、古めかしい人からすると、重みが少なくなるという声が出てくる。

中村編集長　名前を変えて、縦割りの壁を少しでもなくすという発想は、実務上は、どんな形で表れていくんでしょうか。

吉兼県土整備部長　公共事業で言えば、県土整備部と同時に公共事業推進本部を作ったんですね。かなり徹底的にやってまして、公共事業に携わる県土整備部と農林水産商工部、環境部、企業庁が推進本部に集まって、あと総務局長、総合企画局長も入っています。副知事が本部長で、私が副本部長で事務局はうちの中にあるんですけど、非常に評価してるのは、あらゆることを公共事業推進本部で決定していることです。入札契約制度の改革の話とか、情報化、電子入札をしましょうとか。

公共事業全体の評価システムを三重県は独自に作りましたが、その評価システムも公共事業推進本部で議論をして作ったもので、そのもとで各部ともやっている。まさしく、縦割りというか、従来の様にバラバラだったことは、ほとんどなくなっている。積算の単価とか基準づくりも一緒にしてますし、電算システムも同じになりました。

中村編集長　予算編成時、公共事業費の枠配分のようなことはしていないんですか。

吉兼県土整備部長　ご指摘の通り、公共事業予算は公共事業推進本部に全体が下ろされ、後は公共事業推進本部で決めなさいという形で、この2年くらいやってます。事業にメリハリをつけようということで、公共事業推進本部でコンペもやっています。ただそれ以外の予算配分になると、なかなか急には変えられなくて、前年度シェアで分ける部分がありますけど、その中での事業の選択については、公共事業評価システムを全部適用して、ランクの高い物から採りましょうという共通ルールでやってます。

中村編集長　これは財政の議論でも一度やったところですが、三重県は予算配分の方式を完全に変えています。現場の自主要求、自主査定を、公共事業の中にまで持ち込んできている。

大森教授　今のような時節は、そういう手法を取る以外にない。従来型の概算要求をして査定していたら、現場は無責任になる。一定の枠を与えるから、どういう基準でやるかはみんなで検討して、一番必要なところからやり、責任も現場がとるというやり方の方が、仕事がきちっとできると思う。その上で、ある種の総合行政的なものは、公共事業推進本部でやる。この時期、すべてを集権化すると現場はモラルが下がります。三重県の場合は改革をやりながら分権的なスタイルをとりつつ、しかも従来の縦割り領域を横につなぐという本部の仕組みを同時に入れた。

　この事業分野には一種のファミリーがあって、外の人間の介入を許さないようなところがあるでしょう。小王国が林立しているようなものだから、本部みたいにつくって意思決定の中枢を作らない限り、克服していかれないのです。

■ 信頼回復を目指す入札制度改革

中村編集長　入札制度に議論を移して、三重県は何を考え、どんなことをしているのかご説明を。

吉兼県土整備部長　公共事業には、信頼ということばが欠かせないが、その信頼がこの10年位落ちている。これを回復しないことには県民の納得も得られないし、満足度にもつながらないということで、入札制度の改革をしようと、去年からいろんなやり方を変えてきているところです。

　そこで、一番大事なのは、発注者と受注者のパートナーシップです。私の理解では、発注者も受注者も、基本的には県民に対してサービスを提供する上でのパートナーであるという視点です。今までは、受注者は発注者の方を向いて仕事をしていたが、そうではなくて、受注者もすべて県民の方を向いて、県民に対して胸を張って仕事ができる、県民に喜ばれる仕事をするためのパートナーシップをとろうと、これを建設業界の方にも口をすっぱく言ってます。職員に対しても、県民の視点に立って仕事をしようよと強く言ってます。

二番目は、やはり、公正な競争性ですね。三番目は、品質の確保。四番目に情報公開。常にオープンな場で、入札契約システムを動かすことが大事です。この4つの柱をベースに、細かい制度の改善をやってきております。

この中で我々が悩ましいのは、競争性と地域の建設業育成のバランスをどう保つかという議論です。競争性も大事だが、地域の建設業を守ることも大事。競争性一辺倒でオープンにすれば、セネコンさんが町の小さい工事にまで入ってきて、安い値でダンピングして工事を独占するようなことになると、地域の業者は全部倒れていく恐れがある。それでは地域経済上も問題だし、県民の利益という面でも問題ではないかということで、公正な競争性が確保される範囲でできるんだったらと言う、一つの基本方針を立てました。基本的に、地域の建設業者さんができる工事については、地域の業者さんにやらせましょう。しかし、その場合、業者さんが3、4社しかいないと、なかなか競争性がなく談合が起きやすくなる。じゃもう少し対象地域を広げて、競争性が確保できる広さの業者さんでやりましょうということです。

今の工事は県内の業者さん、大体できるんですね。難しい特殊工法は別ですけど、地域の一定の範囲、競争性を確保できる範囲で、県内の業者さんにやらせましょう、ということを基本原則にして、それを情報公開の下でやることを原則にしながら、何とか理解をいただきたいと、入札監視委員会という委員会も作って、そこでチェックをする体制も去年から始めました。また、電子入札も06年までにやろうということで動いてます。自治体の中で、かなり先頭切っていると思います。

大森教授　それやると、談合はなくなるのですか。

吉兼県土整備部長　なくなる可能性は高いと思います。やりようによってはあり得るかもしれないが、やりにくくはなりますね。

電子入札には、談合排除という側面の他にも、実質的なメリットもありまして、業者さんが県に資料を取りに来たり、事務所に出かける回数が結構多いんですよ。その交通費を計算しますと、年間何10億円にもなるんですよ。無駄な経費であり、それが最終的にコスト縮減につながればいいわけです。

大森教授　自治体が調達するものは、民間に比べると相当高い物を購入しているじゃないですか。埼玉県で病院改革に乗り出した時に、民間の人に聞いたら3割方高い、だからおいしいといっていました。それは入札制度だけで解決するかどうか分からないんだけれど、県民から見ると、もう少し公共調達を安くできるような工夫はないかと考えてしまう。

吉兼県土整備部長　コストが高いのは、確かにあると思います。ですから、公共事業推進本部の活動のなかで、コスト緊急縮減アクションプログラムを作りまして、10％下げるのに5年か6年かかったのを、緊急的に下げようということで、1年間で10％位下げるという目標を立てて、必死でやってます。入札の予定価格が正しいとすれば、それより低ければダンピングじゃないかという議論もあるんですが、そうは言っても競争条件を作れば入札価格は下がるんだから、そういう条件を作って、浮いたお金はコスト縮減だろうという見方をしまして、10％位ということで、取り組んでいます。

大森教授　技術的な問題を上手に改革することによって、全体の改革を動かすというのは知恵だと思う。そうして公共事業全体の質を高めていくことが大切ですね。

5　岩名秀樹・県議会議員に聞く

三重県議会改革をめぐって

中村編集長　三重県議会が力強い存在になってきているのを感じます。議会自らが政策を討論、提案し、決定する。条例を数多くつくり、知事部局の改革を促すといった場面が多く見られるようになりました。議会が地方自治制度の中ではたす役割の大きさは論を待たず、今後の地方自治を語る上でのキーポイントの一つです。地方分権、行政改革の流れの先頭を走る三重県議会が、何を考え、何を目指して改革を進めようとしているのか、改めて論じてもらった。

＊　＊　＊

岩名議員　三重県の議会改革のそもそもは、１９９５年に始まった。その年の4月に北川知事が登場したことが大きな意味を持っています。その一ヵ月後に私が議長になりました。

私と北川さんは県議会議員として、１期か2期一緒にやった経緯があり、非常に懇意であったわけです。その２人が知事と議長という立場になって、一晩時間をかけて話し合いました。行政改革をぜひやりたいというのが知事の意向で、それでは我々も議会の改革に取り組む。と同時に知事がいくら改革をやろうとしても、いい意味の外圧がないとなかなかできないんじゃないか。そういう意味では、我々が大きな外圧になっていくよという話しをしたわけです。その結果、知事の改革も非常にやりやすくなったと思っています。議会が横を向いて足を引っ張るような形では、北川さんの改革は進まなかっただろうと思います。

大森教授　知事からいろんな改革が出てきましたが、決して県議会が変な形に足を引っ張らないで、その結果として、議会の方も変わることになりましたよね。そこが一番大事なところです。

他のところではそうならないんですよ。知事は改革をしようとするんだけれど、議会の方は自分自身を変えないままでやってるところが多いんです。そこが三重県の場合は、議会が変わることで、改革全体を進めた。そのことが大きいと思う。

岩名議員　私が議長になってやらなきゃならないと思ったのは、議員のあり方がこれでいいのかとか、今置かれてる立場はどうなのかとか、基本的な問題を検証してみることです。小さな問題ですけど、鉄道会社からパスを貰っていて、当たり前のように使っていたとか、議会の経費でお酒を飲むこともあったとか、それはあるべき姿ではないとして廃止をした。実に細かいことですが、それでも抵抗がかなりあった。

その内にカラ出張の問題が知事部局で起こった。そのカラ出張が世論の批判を受けて、これを返済しなければならんということになった。これも改革の後押しをしてくれた感じがするんです。議員もこのことについて、非常に考えたと思います。あるべき姿について行政のあり方とお金の問題を皆が考えるいい機会になったと思う。そして、議長がいろいろ提案していくことを、謙虚に受け取ってくれるようになったのではないかと思います。この議員としてのあり方を考える努力と協力がなかったら、三重県の議会改革はできなかっただろうと思っています。

大森教授　北川さんのようなタイプの知事が出てきた時に、議長さんとの相性がありますよね。議長職をその時どんな方が占めているかが大きくて、いろんなタイプの議員さんがおいでになるけど、うまくお合いになったんじゃないかとみているんです。

ここまでできたのは、最初の議長さんの時に、今のような小さいところから始まって、改革に乗り出すことについて他の議員さんたちを説得できたからでもありますね。

岩名議員　私は議員はこうあるべきだということでいろいろ注文を付ける訳ですが、その反面、今の我々の身分はどうなのかとか、あるいは、政務調査費が根拠が不明確なまま出ていた訳ですが、そのことを全国議長会で発言しました。地方自治法の改正を皆が力を合わせてやらないと、このままでは制度に耐えられないではないかと。将来的には議員の身分についても考えていかなければいけないと申し上げ、そのことで全国議長会も動き出した訳です。そういうことも議員の理解を得るというか、皆が考えるきっかけになったのかなという気がしているんです。

大森教授　95年に三重の改革が始まった時は、まだ、分権改革は全体像が分からなかった時期です。三重県の場合は、それを前倒しでやった。

地方分権推進委員会でも、当初は議会改革のことまでは頭になくて、地方議会の活性化というのがぎりぎりだった。私たちがあの時に考えているよりもちょっと早めに、しかもそれを乗り越える形で三重県議会が動いたんです。それが今の全国大の活性化を導き出す要因になったと思っています。

岩名議員　例えば小さなことですが、我々の報酬は報酬審議会によって決められています。私たちは特別職の地方公務員と指定されており、県の3役と同じような立場にあると言われているんですが、勤務状況も違い、問題がある。そこで私は報酬審議会へ行きまして、議員の状況を皆さんどのくらい理解されているのか質したら、ほどんどの方が分からない。そこで逐一説明をして、報酬を3万円上げていただいた経緯があります。

そのように我々議員は、今までは飾り物的な立場であったと思うし、特に機関委任事務制度華やかなりし中では、それが当たり前とされてきたのですが、99年の地方分権一括法の成立、機関委任事務制度の廃止は、議会のあり方に大

【政務調査費への取り組み】

議会の各会派へ補助金として公布されている政務調査費の交付根拠を明確にして議員にも交付されるよう、ブロック議長会や全国議長会に働きかけ、全国議長会の取り組みへとつながった。全国議長会の積極的な要望活動の結果、地方自治法の改正（00年5月、第１００条に政務調査費の規程を追加）が行われた。

きな変化をもたらしたと自覚しています。

■ 他府県議会との連携・執行部との連携

中村編集長　三重県の議会は、そうやって自ら時代の中でどうすればいいか考えて、小さいことからはじめて大きく改革できるのに、他の地域はどうして動かないのでしょうか。

岩名議員　そのことで私達は今、自分達だけがやって満足していてはいけないじゃないのか。点を線にして線を面にしていこうということで、三重県の中に議会改革推進会議というものを作りました。私が会長になったのですが、8月に宮城県へ参りまして、宮城県も議員提案が多いところですので、議会運営委員会の委員長や議長さんに会って、こういうことをしたいがと話し合ったら賛同していただくことができ、同じものを宮城県も作られました。

　これは三つの分科会に分かれてまして、一つは県議会における審議のあり方について検討をしていく分科会。もう一つは、政策条例を議会としてあげていく分科会。三つめは他の都道府県と連携交流を図りながら、面にしていくにはどうしたらいいか、賛同者を募っていこうという分科会。そしてその中で道州制についての検討もしていこうじゃないかということです。

大森教授　そのように全国に拡大していけば、他の都道府県、市町村の議会も変わっていく。非常に大きな変化が日本の地方自治の世界に来ると思っています。

岩名議員　もう一つは、これも全国で初めてだと思うのですが、三重県の東紀州が非常に立ち遅れていますので、これを活性化したいということで、地域振興部からも議会に対して働きかけがあるわけです。そこで私が提案しまして、議会と執行部が一緒になって、政策を立案していくということを始めました。これは東紀州地域経営創造会議という名前にしまして、議会から15名、地域振興部の東紀州活性化グループと関係部の総括マネージャーにも出てもらい、既に4回会議を開きました。

大森教授　事実上の政策協議会ですね。これも注目してよいですね。なかなかこういうスタイルのものはできにくい。普通は首長さんから仕掛けられると、何か取り込まれるということで、議会は消極的になるんです。だけど今のお話は議会の方が率先して、関係部局の担当者と一緒になって検討する訳ですから、こういう議論を持ち出すときは議会主導がいい。そこからいいものが出てきたら条例に変えていったらいいから、これは本当に首長と議会という二元代表制が生かされる手法になるでしょう。

岩名議員　地域振興部が心配したのは、教育委員会や県土整備部、農林水産商工部に総括マネージャーを派遣してくれというのは抵抗がでるのではということだったのですが、スムーズにいき、いい形になりました。

中村編集長　これまでの討論を聞いていても、三重県の場合、縦の壁が緩くなってきているのじゃないかと感じます。

岩名議員　それを促すのは議会の役割だと思います。議会がそう言っているのに、縦割りだけでは進めていけない事情もあると思います。

大森教授　そういうところへ集まると、お互いのことがよく見えるから、なかなかいい意見が出るじゃないかとか、行政との信頼が生まれ、アイデアは出やすくなるし、議員さんたちの勉強の仕方も変わってきますね。

岩名議員　例えばそこへ、大学の地域政策を専門にしておられる先生をお招きして勉強会をした中で、先生は「今までは外来型の企業が地方へやってきて、それが中心となって地域を発展させた。しかし、これからは内発的に地域が持っている様々な歴史的なものをもう一度活性化していくことが大事」という話をされまして、具体的にどういうところがあるんでしょうかと尋ねると、国内では金沢とかがやっておられるんですが、外国ではイタリアだという訳で、それじゃ我々が4年間に一回いただいている海外への研修は、そういう所へ行こうじゃないかとか、どんどんいい方向に発展しています。

大森教授　次の政策提案に結びつくような海外出張、国内出張ですね。漠然と行くのではなく、問題意識を持って、そこへ行って学んだことを生かすような形になるなら、県民の皆さんも議員さん達が海外へ行くことについて、前向きになってくれると思う。

岩名議員　三重県では、海外調査の制度も、私が議長の時に変えました。今までは、ほとんどが物見遊山でした。その反省に立って、１２０万円の上限を設け、その代わりに行く前には研修する内容を議長に申告し、議長が認めた場合に行ってくる。そして、帰ってきたら報告書をまとめてそれを配り、感想を述べる機会を作って全員協議会で全員が話を聞くことにしました。これで物見遊山から程遠い形になってきています。

■ 議会が提案する政策条例

大森教授　議員提案の政策条例を最初に作ろうとされた時は、どういう経緯だったのですか。

岩名議員　政策条例を作ろうと言い出すのは、常に若い力だということは間違いないです。現在、名張市長の亀井さんが一年生で入ってきて、「清潔で美しい三重をつくる条例」（94年3月公布）を最初にされたと思います。古い人達がいて、容易に進まなかった。最初の取っ掛かりで、非常に苦労したという印象が残っています。

大森教授　それは先輩議員さん方の理解だけじゃなくて、それまで条例を議会で作ることはあんまり考えておられなかったでしょう。

最初に条例を作られた時は、議会事務局との関係とか知事さんとの関係とか、何かご苦労ございましたか。

岩名議員　県議会が最初の条例を作ったのは、私が議長になる以前のことで、そういう芽が三重県議会にあったことが大きいと思うんですが、私が議長になった時、どんどん作り出してきたんです。

中村編集長　総合計画「三重のくにづくり宣言」の時に県内を九つの生活創造圏と捉えて、住民との協働により地域づくりをしようとした。それを、口先だけでなくちゃんとやれよと、議会として一本釘をさす条例を議会から作った。この辺が本格的な政策条例のスタートですね。

その次に、行政に関わる基本的な計画について議会が議決すべき事項を定める条例ができた。県は、総合計画の議決を経る必要がなく、勝手気ままにやっている。それを議会もチェックする責任がある。法律で定めるより広い範囲のものも議会に説明をしなさいと、議会の審議権を拡大しているわけですよね。

それから、リサイクル製品を利用する体制を進めていこうという条例、これは県民に対する注文でもあるわけですね。

岩名議員　これは産廃税との関連も十分あります。事業者から産廃税を徴収する代わりに、リサイクル製品を県内で重点的に使う義務を課しているということです。

中村編集長　その次の県が出資する法人に関して基本的事項を定める条例、これは。

岩名議員　今50くらいの外郭団体があるんです

最近の議員提出条例

○三重県生活創造圏ビジョン推進条例（00年3月公布）
○三重県行政に係る基本的な計画について議会が議決すべきことを定める条例（01年3月公布）
○議会の議決すべき事件以外の契約等の透明性を高めるための条例（01年3月公布）
○三重県リサイクル製品利用推進条例（01年3月公布）
○県の出資法人への関わり方の基本的事項を定める条例（02年3月公布）
○県が所管する公益法人及び公益信託に関する条例（02年3月公布）
○三重県における補助金等の基本的な在り方等に関する条例（03年3月公布）

三重県は、02年亀山市にシャープの液晶テレビ工場を誘致し、最大90億円の補助金を交付することとした。

ね。それに対して、議会に対する報告を義務付けたということです。

中村編集長　補助金等の基本的な在り方等に関する条例、これはどんなものでしたか。

岩名議員　これはシャープに90億円出したというところから発生してきたものです。今までは知事の権限でできたのですが、これからは議会にも相談したらどうだということです。

大森教授　新しい条例を作る時は、特別委員会を作るんですか。

岩名議員　特別委員会は作りません。会派横断的に代表選手を出して、条例案検討会を作ります。そこで出来上がったものを各会派で更に深く検討して、議員提案で上げていく。それほど厄介な仕事にはなっていないのです。

大森教授　議員提案する時の議員さんはどんな方々ですか。

岩名議員　それは会派の代表であったり、委員会の色が濃い場合は委員会のメンバーが主力になって上げるとかです。

大森教授　知事部局とはどういう調整、話し合いをされるのですか。

岩名議員　もちろん話し合いをしますが、今までの経緯からいきますと、議員がそういうことを出すことを嫌がるんですね。嫌がるけども、やっているうちにあきらめてくれるという状況です。議会が手を出しだすと、うちの方でやりますからと言ったりしますが、そうじゃなくて、一緒にやっていきましょうとなっていくんです。

大森教授　政策を条例の形に変えるのに、文書の書き方とか法文の整理とか、法務的なものがでてきますが、それは今の議会事務局でできるのですか。

岩名議員　できます。当時、参議院の法制局へ人を派遣したんです。もう何人か行っています。2年間お世話になって帰って来ますが、これはかなり成功だったと思っています。

大森教授　知事部局の法務担当は条例になるとうるさいんですが、そこの人達の目を通してるんですか。

岩名議員　もちろん通していると思いますが、そこよりもうちの方がレベルが高いですね。

大森教授　ここで鍛えて、法務担当に人を派遣するくらいになれば…。

岩名議員　将来は、議会の職員は議会にずっといてもらって、行ったり来たりするのはどうかなと思います。

大森教授　その点を、今日はぜひともお聞きしておきたい。議会事務局の職員の人事権は議長さんにあるんだけど、全体で定員管理をしているので、今のところ知事部局と一緒になっていますが、本当にそれで議会をいいものにできるのかどうか懸案事項なんです。

岩名議員　私は、それは分離すべきだと思っているんです。例えば、議会の中に、政策策定だとか条例づくりに携った非常に優秀な人がいたとしますね。その人が人事異動の時期になったら、執行部各部局の取り合いだと思うんです。なぜかと言うと、議会の中を熟知しているし、だれがどういう性格で、どういうものの考え方をするかも分かっているから。そして、知事部局へ行くと立場が全く変わる訳です。

そういうことを繰り返していて、いいのだろうかと思いますと、私は議会事務局が職員を採用するということであっていいと思う。

大森教授　議会の持つ機能との関係で、議会事務局の職員に何が求められるか、重要な議論ですね。

中村編集長　法制局へ行くように言われた皆さんは、どんな顔をされますか。

岩名議員　喜んで行くんですよ。

大森教授　衆議院、参議院の法制局は内閣法制局に対して自立性を持って頑張っているんです。私は、国のレベルでも議員立法が増えていくということは、公文の書き方ひとつにしても、普通の言葉の感覚に合う方向に向かっていて、いいことだと思っている。条例についても、議員の皆さんが議会事務局と一緒に書いていく条例の方がいい。

私は、できれば条例に地域言語を入れてくれということも言っている。知事部局では書かないから、議員さんの方から出していけば書けると。重要な条例は全部議会で作って、その書きぶりについても言葉についても、その県らしい表現でいいんじゃないか。

岩名議員　私、先だって大森先生のお話を伺いまして、その時に方言を使った条例を作ったらどうかとおっしゃってましたでしょ。帰ってから、条例のた

【子どもを虐待から守る条例】
04年第1回定例会に議員提出され、可決。04年3月公布。

たき台のたたき台を作れということで、勉強をさせたんです。うちの政務調査課の連中と法制局へ行っていた連中が一緒になってやってくれまして、こういうのができると15本出してきた。今その中からとりあえず2、3本出そうじゃないかと。まず一つは児童虐待が非常に多いものですから、子どもを虐待から守る条例の勉強を始めたところです。

大森教授　10年前は、こんな話はなかったと思う。15本くらい出てきたから2、3本やろうかなんて、すごい話。そんなこと今までなかった。

岩名議員　先生の方言をという話ですが、「おこしなして」という言葉が三重県にあるんですが、観光振興のために「おこしなして条例」というのを作ろうと、これも候補に上げているんです。

大森教授　土地の文化のフィーリングみたいなものが伝わるんですよ。

岩名議員　今条例の話をさせていただいたのですが、もう一つ議会運営の話を。議会の審議のあり方を研究する部門で検討しようと思っているのは、今、予算は各常任委員会に分割付託をしてるんですが、これは違法だということが全国議長会の見解として出てきている。各常任委員会に分割付託されているものですから、県土整備常任委員会の者は、教育委員会の予算のことは全然分からないわけです。もう一つ問題なのは、予算が数字としてきちっと出てくるのは、3月議会の常任委員会一日だけなんです。こんなもので審議ができるかと。それで年が明けたら予算委員会をさみだれ式にやっていくことにして、そのために全員参加の特別委員会を作りたいんです。これは宮城県が先行してやっていて、交流の中でわかってきたもので学ばしていただこうということです。

大森教授　もともと県として総合行政をやらなければいけない時に、その裏付けの予算を分割でやっては困るんですよね。おっしゃるとおりです。

■ 住民投票と住民参加

中村編集長　住民投票との関係をどういうふうに整理して考えればいいのか、三重の場合はどのように議論されていますか。

岩名議員　その議論はまだあまりしていませんが、私の個人的な考えを申し上げるなら、住民から選ばれた代表者であるという自負も議員にあるわけですので、まずは議会で十二分に議論をするのが大前提であると思っております。その上で、意見が二つに割れてにっちもさっちもいかないというような事情が生じた場合には、選択肢の一つに選ぶこともやぶさかではありませんけども、なろうことならば議員がその責任において、十分な勉強と資料を集めてやっていくべきではないのかと、考えているんです。短絡的にすべて住民投票ありきでものを運ぶことは、いかがかと思います。

大森教授　当面、都道府県で住民投票でどうしても問わなければいけない事項は今のところないでしょう。市町村とはちょっと事情が違うと思う。

私はもともと市町村についても比較的慎重論派で、ほとんどの事は、やっぱり首長さんと議会がぎりぎりまで努力して、判断すべきことだと思う。

特に議会も三重県のように活性化して、議会と議員さんたちが自らが代表者であるという営みをしっかりやった上で、なおかつそれに余るものが出てきた時に、本格的な整備をすれば遅くない。軽々にやると、議会が全国レベルになる前に、議会はうまくいかないから住民投票だという議論はいかがでしょうか。まず議会をいいものに変えていくプロセスの中で、どうしても必要ならと考えられるべきです。三重県のように議会改革をやってきたのなら、議会が物事を判断する審議のプロセスの中へ、ささやかでいいから県民参加を入れてもらいたい。重要問題について議会がきちっと自分達なりに県民参加の中で議論して、議会の責任で決めるというのがまず先なんじゃないか。

中村編集長　住民が議論に直接加わってくるということに対する議会側の政治的な反発はありませんか。

岩名議員　これからの時代、いろいろ大きなテーマがあった時に、住民に参画していただくということは大事な事だと思うんです。ちょっと前段階で、例えば条例を作る時に住民に参加をしていただいて意見を聞きながら作っていくというのは大変大事な事かなと思います。

大森教授　条例を実質的な案が出来上がった段階で示すパブリック・コメントと、できれば公聴会風のものを議会で主催して、そこでは議員さんの方でお答えになるわけですよね。そういうふうに議員さん自らが、答える立場に回ってみるというのは実にいい事だと思う。

中村編集長　条例案の骨子ができた段階で、それを市民に素案として示して一緒に討論するとか、素案を作る最初の段階から、住民小委員会のような一定の住民の声を集約する仕組みを作って、そこの議論を汲み上げて反映していくとか、いろいろあると思うんですが、そんなものを工夫する余地はありますか。

岩名議員　もちろんあります、例えば6分7分できた段階で住民参加にするのか、最初からやるのか、あるいはでき上がってから住民の皆さんの同意を得るような格好で参加してもらうとか、いろんな方法があると思います。

大森教授　三重県議会基本理念・基本方向達成システム体系表を見ると基本事業に「住民が参加しやすい議会運営の推進」があって、その指標が「傍聴者数」になっているんです。これは、事務事業評価システムの議会版になっていて、事務事業評価の方式で議会が自らを律していく、評価するためのものを作っている。これを充実していただけるといい。できれば将来「県民が参加できる」くらいに基本事業を変えていただいて、「傍聴者数+議会審議に意見を言った住民の数」とかを挙げてくれると、変わるんですね。常任委員会でも本会議でもいいんだけど、そこで県民が自ら来て発言した数が何人かだと、参加できる話になってくる、そうすると一歩ずつ開いたものになっていく。

■ 地方自治法の改正に向けて

岩名議員　それと、議員の活動日数が、委員会とか視察とかあわせると１５０日になってきた。三重県は多いんです。これからは、どうしても身分についても考えてもらわないと困るし、適正な数は3万人に一人と言われているんですけど、本当にこれでいいのか。もっと数を少なくしてもいいから身分を考えてもらわないと、後継者が出てこないですよ。

これからは、我々ももっと地方自治法を勉強しようと言っているんです。変えなきゃならんことがいっぱいあります。

大森教授　地方自治法の改正は、こちらが持ち込まない限り総務省はやりません。議会に関係する条文は、知事さんとの権限問題が背景にあるから慎重なんです。専決処分の力がひどく大きくなっています。少なくとも議会の招集権くらい知事さんと議長さんと並立にしなさいと、そこくらいのことまで法改正してもいいと思う。いつこれに手を掛けられるか、これは全国の議長会が持ち込まない限り、あるいは議員さんたちの横断的な集まりで持ちこまない限り法改正にならないと思う。

岩名議員　今とりあえず改革推進会議を各県に作っていただいて、それをメインにしていくんです。

大森教授　それから、全国的な勉強会を議員さんたちやり始めてるじゃないですか。あれはいいやり方で、持ち回りでやっていくから、全国的な場へ出てくるとき、議長さんや副議長さんは、しゃべることを持ってこなくてはいけない。わが県議会はこんなところを直してみましたと言わないと、さまにならないから努力する。議会の活性化は自ら勉強会、発表会をやることなんですね。

【三重県議会基本理念・基本方向達成システム】

02年3月議会で議決された「三重県議会の基本理念と基本方向」に基づくもので、議会のめざす根本的な理念を「基本理念」とし、これを実現するための五つの手段を「基本方向」と呼び、基本方向ごとに具体的な目標を立て、その達成度を公表していくシステム。03年度から導入。

具体的には、目標を実現するための事業を、事務局の基本事業、事務事業の形で展開する「政策」体系となっている。(詳しくは、「地域政策―あすの三重」03年7月号82ページ)

6　奥山喜代司・県職員労働組合中央執行委員長に聞く

職員労働組合から見る「三重の改革」

行政改革の急先鋒として、徹底した職員意識改革を中心に据えた「さわやか運動」、事務事業評価システム、労使協働委員会、ファシリティマネジメント等を次々に世に送り出し全国的な評価を受けた北川行革、その後を受け、感性と文化を中心に据えた従来の行政手法とはひと味違う21世紀型の現野呂県政について、労使協働のもう一方の主体である職員労働組合委員長という視点から、ここ10年の三重県政について論じてもらった。（編集部）

■ 北川行革の最初の印象

大森教授　北川正恭知事が当選したときに、県庁内には「黒船来襲」という受け止め方があったと思いますが、組合サイドとしてはどの様な受け止め方だったんでしょうか。私の見方は分権改革を先取りするような形で、ちょうど時代の歩みをちょっと前に、しかも時代の歩みと合うように改革をやり出したんだなというように感じましたが。

奥山委員長　時代というのは、その時代に必要な人が出て来るんですね。時代は人を興してくるという感じがしました。

大森教授　当選後に北川知事と対談し、その時に「行政改革なんて言ったら次の選挙で落ちますよ」と言ったんです。そうしたら、「改革をやって県民が自分を見放すなら、それはそれでいいんだ」とおっしゃってたんですね。その時、直感的に、この改革は進むと思いました。

奥山委員長　北川知事が最初やられたのが「さわやか運動」でした。頭文字をとって、「さっぱり分からん、やっても変わらん」と言って茶化している県の幹部もいましたが、結局はその後になって、予算の不適正執行、カラ出張問題があり、県職員7000名が総懺悔みたいなことになりました。大きくはそこで変わったのかなという感じがしてます。

■ ニューパブリックマネジメント

大森教授　北川行革が行われた時に組合として特別な体制を組んだのですか。

奥山委員長　特別な体制ではないのですが、委員長に就任することになって、組合執行部に北川改革のアンケートを実施してもらうようにしました。その評価によって方針を定めていくことにしました。これは内部の取り組みです。一方、外部に向けては、ウイングを広げるということ、労働組合の内部の議論だけではなく、議会や民間労組、諸団体等の意見も聴こうということにしました。

大森教授　ウイングを広げるという意味合いは、この改革全体を根拠づけているニューパブリックマネジメントそのものだと思うのですが。今でも全国の自治体で、ニューパブリックマネジメントに強い拒絶反応があります。一種の成果主義になっていて、これを推し進めると必ず職員の評価、職員の処遇にからんでくるんです。一種の選別主義、そういう発想が強いですね。

奥山委員長　情報公開という点でも組合活動に影響を受けました。三重県教職員組合に対する日の丸、君が代、勤務評定オールB、時間内の組合活動等の問題があり、労使慣行の見直しと給与の返還ということが起こりました。それに連動して我々としても様々な見直しを迫られました。その結果として、県職労のスローガンは「自立と協働」で、如何にすれば自立と協働が実現できるか、組合内部でも随分真剣な議論を重ねました。

■ 野呂体制で職員意識改革は戻ったのか

大森教授　北川知事はニューパブリックマネジメントの発想でいろんな改革をやり抜いたわけですが、今の野呂昭彦知事になって何か大きく変わったのでしょうか。

奥山委員長　最初の一年ですぐ評価したり、対比するのはいかがなものかと判断しました。一年経過してから北川知事の総括もし、動き出したばかりの野呂県政の検証もすべきだということで今作業をしている最中です。

大森教授　小さい市町村では首長が変わると今までの改革の取り組みががらりと変わることが多いのですが、三重県のシステム改革は、従来の職員の意識が変わり、その意識改革は新しい野呂知事になっても戻らない、それを前提にして野呂知事なりの次の発展という動きになったんじゃないかと思いますが、いかがですか。

奥山委員長　三重県職員全体として捉えたら、おっしゃったとおりでしょうね。ただ古い体質のまま8年間批判派でいた職員もいるのは現実ですから、その人達にとってはある種ノスタルジックに捉えている面もあるかもしれません。様々なことがあった8年ですし、それに代わって登場した野呂知事に対する期待など、この10月を目途に集約して知事に提言していく予定です。

大森教授　三重県でやっていることはどこでも形を変えて取り組んでいます。ただ、意識の点でも三重県の場合、職員が改革を担ったと思います。自分達は一体何を考えて、どうしようとして、何が問題点でそれをどういうふうに克服したかっていうことを、自分達の体験としてやり抜く以外には意識は変わらない。職員は自分を変えようとしていたと思うんですね。そのことで日本の都道府県政の中で非常に重要な歴史的な流れを作り始めたと思うのです。それはちょうど分権改革みたいなものじゃないでしょうか。

■ 2期目の北川県政

大森教授　現在の都道府県の権限とか制度の中で、改革がある程度進むと、それを突破するためには、枠組みそのもの、地方自治の大きな枠組みを改革する話に必ずなるはずなんです。2期目の終わりごろに改革も大体一巡して北川知事から何か他にやることがありますかと聞かれたんですよ。私としては、県は頑張ってるけど、市町村との関係にあまりまだ手が付いてなくて、市町村の方を振り返ると遠くにいませんかって申し上げました。

奥山委員長　北川知事の総括という意味で、組合の内部でもいろんな議論をしているんですが、一つは市町村との関係という課題があるのは事実です。また、改革の連続とトップダウンに慣らされてしまった県幹部職員が北川知事時代の最後の2年ぐらいはかなりの部分は思考停止というか思考中断状態になってしまったのではないでしょうか。それが今も続いているような気がします。

■ 労使協働委員会

大森教授　北川知事と委員長はいろんな面で直に会ったり、次に想定される改革に手を掛ける前とか途中に北川知事から話が頻繁にあったんでしょうか。

奥山委員長　新しい労使関係を創り上げていく上で相当回数の意見交換をしました。

大森教授　そのようなことが労使協議会を作っていく土壌というか、信頼関係がその時のやりとりの中から生まれないと唐突にはやりにくいですよね。労使協働委員会が成り立っていく前段というかその辺の話を聞かせて下さい。

奥山委員長　何回目の知事との話し合いかは定かではありませんが、二人で食事でもしながらということになり、労働組合のあり方とか、委員長と知事がこっそりと夜中に会って、結論を出すような折衝の仕方ではないオープンなやり方とか、賃金とか勤務条件に関わらず県政全般を進める上で同じテーブルで議論できる場づくりなど4時間程度、自治体労使関係を中心とした議論をしました。この時の議論で労使協働の下地ができたと思っています。

大森教授　労使協働というのは今までなかったわけですが、あれを実際に組合内部でお話し合いになった時に、どういう議論で全体をまとめたんですか。

奥山委員長　随分反発がありました。協働と協調の違いについて理解が得られにくかったということでしょう。ベースは自治労が加盟している国際公務員連盟の取り組みを勉強しました。特に、ヨーロッパでの公務の労使協議制の資料ももらい研究しました。それらを踏まえて、県庁における労使協働を創っていくことにしました。

大森教授　外から見てて上手に交渉と協働を切り分けしているなと感じました。元々、従来の労働組合の行動原理では交渉ですが、それを使い分けた、あれはアイデアだったと思うんですね。どうしてああいうふうになったんですか。

奥山委員長　賃金・労働条件等については当然労使の利害が相反するところが出てきますので、全て「協働」でというわけにはいきません。今までは交渉だけ真中に座っていた、その横へ協働というのをもう一つ座ってもらって、というのが自分なりのイメージなんです。交渉そのものの質を変えてしまうというのではなしに、正に交渉と協働の両輪でという感じです。それと、三重県方式といいますか、職場や県民局での協働を重視している点は民間労組やヨーロッパと異なる点です。

大森教授　協働の場を公開するということは、自分たちも責任を取るということで、従来の労使間にはその発想がなかった。決定的な質的な相違なんです。協働の場のことはきちんと新聞を入れてオープンの場で議論をする、このことは従来型の組合を超えた画期的なことだと思うんです。画期的だったからこそ、色々と言われたんじゃないですか。

奥山委員長　ちょうどタイミング的には公務員制度改革の議論が出てきて、そこにかなり早くから労使協議制の問題が議論になってましたので、それは逆に追い風になりました。労使協議制の問題は避けては通れない課題として出てくる、だからそれを待つというのではなしに、三重県独自で先行して進めていってはどうかと説明しました。まだまだですが、一定の理解は得てきていると思っています。

■ 課の廃止

大森教授　公務員制に戻りたいんですが、一連の改革の中で課を廃止しチーム制にし、課長をマネージャー制にしましたね。これみんなパブリックマネジメントなんですよ。権限を移譲して責任を取らせ、成果を求める。従来のような伝統的な組織から柔軟な組織に変えたんです。しかし実際の仕事の現場をみると、要するに職名を呼び変えたに過ぎないんじゃないかとか、変えたと言うけどあんまり変わってなくて、余計なことをやってるんじゃないかとの意見が多くありますが、その辺のいきさつとか、どんな対応だったのかを聞かせて下さい。

奥山委員長　ご質問として一番難しい所ですね。チーム制になり、昨年4月からまた室制に変わって、評価定まらず、まだ動いているというところです。画一的にどの部署でも同様の形を目指し過ぎたのではないか、個人担当制になっていく中で、中間的な業務チェックがおろそかになってトラブル、事故が起きやすい素地、土壌が増えたのではないかとか、対外的に課長の方が呼称としていいのではないかとの議論も含めて、まだまだ評価定まらずといったところです。ここにも画一的に実施したトップダウンの問題が見てとれます。下からの議論の積み上げが必要だと思います。

■ファシリティマネジメント

大森教授　小さな話ですが、私はかねがね職員組合にとって、こういうテーマこそが大事なテーマになるんじゃないか思っていることがあるんです。それはファシリティマネジメントです。職員が日常的に働く場所、場合によったら外の人と接触する場所、ああいう場所のあり方、つまりそこで働く職員の行動とか意識に微妙に影響を及ぼすような場の日常的な改善、改革こそが組合の重要なテーマじゃないかと見てるんですけど、ファシリティーマネジメントを、どういうふうに見ているんですか。

奥山委員長　正直なところ賛否両論といった感じです。地域機関も含めていろいろな議論があり、見直しも進んでいますが、全否定ではなく、これからどういう形がいいのか、様々な角度からの議論が必要であると思っています。精神科医と議論していると、職場がオープンになればなるほど緊張感も増すとも言われていますので、メンタル上は問題が多いのかも知れません。

大森教授　机の並び方と職員管理はどこか合っているのではないかと思っています。あれを変えるのは、職場のマネジメント、職員との関係をどういう風に変えていくかという、小さいけれど重要なことを含んでいると見ています。

奥山委員長　確かにおっしゃるとおりですが、逆に言えば組合が関心を持ち重要な事項とするということは、どう画一的にならないか、例えば地域機関の税務と福祉と農林と土木とが一緒のファシリティーマネジメントでいいのかどうか。そこに特有のあるべき姿、対象である県民の方も違いますし、そこで持っている仕事の特性とか考えれば、違いがあって当然ではないでしょうか。そういう意味では労働組合としてもっと関わりを持つべきかも知れません。

■　アウトソーシング

大森教授　今回新しい法律で指定管理者制度ができ、いろんな施設の管理が出てくるんですが、そのときに今まで三重県が言ってきた生活者起点とか、説明責任というのは具体的にどういう姿になっていくのか、アウトソーシングのあり方について、本格的に様々なことを総点検すべきですね。アウトソーシングに出ている事務事業についても、全部この機会にある基準を定めて、総ざらえし、きちっと根拠づけるべきだと思います。

奥山委員長　こういう時代ですからアウトソーシングしていく事を全て反対ばかり唱えてるつもりはありません。ただ、企画の部分と実施の部分の関係がきちっとしてなかったら、どうフィードバックした議論をするのか、また、民営化されていく、あるいはされたものの評価・点検という意味では不十分だと考えています。三重県もすでに指定管理者制度も動き出しましたので、当局側と議論を進めていますが、企画と実施の分離という面では、問題を感じています。

■ 県民満足度

大森教授　三重県はシステム改革を展開したときの指標として県民満足度を導入していますが、三重県のようにまじめにある種の評価システムを確立しようとしたときに、県民満足度という基準はなんでも可能にしてしまうんです。評価基準としては、そろそろ三重県も県民満足度を変えたらどうですか。私は県民納得度だと思うのですが。

奥山委員長　職員満足度は、私が言い出した張本人です。実は松下電器労働組合の従業員満足度チェックを勉強して県庁風にアレンジしました。おそらく総務部も職員満足度だけでは内部議論に過ぎないという懸念から県民満足度の発想が出てきたのかなと思っています。

■ 成果主義

大森教授　今、公務員制度の改革の大きな流れが、実績や成果主義の方に向かおうとしていますが、相当細やかな配慮をした上でないと、民間が失敗したのと同じ轍を踏むんじゃないかと思います。もう1回どうしたらいいかということを考える時期にさしかかったのではないかと考えますが、いかがですか。

奥山委員長　いろいろ教えていただきたいんですけど、民間で評価主義について失敗例がたくさんあるのに、わが国の公務員制度改革の中に評価主義、成績主義みたいな発想がまだまだ結構ありますね。

大森教授　個々の職員が一年間どのように貢献したかを簡単には評価できないというのが公務員職場でしょう。組織単位に仕事があって皆で分担してやってる職場は、個々の職員を個別には計り難い話なんです。どうしたら職員が納得できるのかという、なんか新しいモデルを三重県に作ってもらいたいなあと、願っているんですけど。

奥山委員長　今、野呂知事との労使関係の基本は、「信頼・対等・納得」というキーワードになっているんです。県民満足度の問題も、満足度ではなしに納得度みたいな、すべからく納得度合いの問題かなという感じはしてます。能力評価についても、現在課長補佐級以下の評価の問題については棚上げです。全国を調べたら他府県もその辺で止まっています。我々もこの問題から逃げるつもりはありませんが、直ぐにモデルと言われるところまで実践できるかどうかは、今後の課題です。

■ 県の在り方

大森教授　今年3月末に市町村合併特例法が終って、更に新法ができて5年間合併が推進されますが、小規模町村問題が大きくクローズアップされると思います。町村に特例を作って過疎代行制のような制度となり、県が市町村行政を直接やるようになるという状況が来るんではないかと見ています。都道府県はこれについてどう考えるかについて態度を表明せざるを得なくなる。それは出先機関のあり方に関係することですから、結構重要な話を含んでるんじゃないかと思います。これも是非とも労使協働の場で、委員長の方からも問題提起してもらいたいと思います。

奥山委員長　既に労使協働委員会で議論をしましょうということで話し合いが始まっています。県民局長や関係者の皆さんと地域の支部の役員との各地域での話し合いも既に始まっています。残念なのは県民局の数の問題とかが中心になっていることです。その前に地域機関や県民局の今後のあり方等について十分な議論が必要だと思っています。

大森教授　北川県政のときは、市町村との関係とかはあんまり正面から扱えなかった。野呂知事は市長出身ですから、むしろ大きな全体の中で言えばこのテーマこそ三重県が取り組んで新しいことを切り開いてくれれば従来と違った三重県政が一段と見えてくるんじゃないかと思ってるんです。

（注）三重県の「労使協働」については、三重県職員労働組合「インタビュー三重県庁における労使協働の2年間―新しい労使関係をめざして」（2002年10月10日）、が参考資料として有用である。（大森）

【初出一覧】

１　山本勝治・総務局長に聞く……「地域政策」２００２年・No7

２　飯塚厚・総合企画局長に聞く……「地域政策」２００３年・No8

３　長谷川寛・環境部長に聞く……「地域政策」２００３年・No9

４　吉兼秀典・県土整備部長に聞く……「地域政策」２００３年・No10

５　岩名秀樹・県議会議員に聞く……「地域政策」２００４年・No11

６　奥山喜代司・職員労働組合中央執行委員長に聞く……「地域政策」２００５年・No14

《追録》

地方分権を巡る世界の動き

―補完性の原理を中心に―

The World Trends in Decentralization
-Centered on the Principle of Subsidiarity-

朝日新聞編集委員　中村　征之
The Asahi Shinbun Senior Writer　Seishi NAKAMURA

1　はじめに

世界で最も規模の大きい地方自治体の連合組織、国際自治体連合（ＩＵＬＡ）[1]は4月6～10日、「21世紀のための地方自治」を議題に、アフリカのモーリシャスで第33回世界大会を開いた。参加者は85カ国から集まった市長を中心に約７５０人。議題には「分権・多様性・パートナーシップ」のサブタイトルが添えられ、その分権への道を確かなものにするため、国連に「世界地方自治憲章」の採択を求める大会宣言をまとめた。

分権への二つの流れ

宣言は先進国、途上国の違いを超えて「コミュニティーの多様性と社会成員のパートナーシップに支えられた地方分権こそ、地方政府が公共福祉のために果たしうる計り知れない潜在力を引き出し、我々を新しい次世紀に導くものである」[2]と、力を込めて語っている。分権がもはや地球規模の流れであることを強く意識づけるものだった。

このようにＩＵＬＡが今、分権を地方自治の最大の課題と位置付けているその論拠は何か。大会の論議から2つの背景が読みとれた。1つは、欧州連合（ＥＵ）の統合路線を前に、自己決定権の拡大を強く求め続けるヨーロッパの地方自治体の動きだった。2つには、１９９２年6月の「地球サミット」（リオデジャネイロ）から、96年6月の「第2回国連人間居住会議（ハビタットⅡ）」（イスタンブール）にいたる、国連を中心とした国際会議の流れがあった。そして、この2つの流れを結び合わせるものが、中央政府と地方政府の関係をthe principle of subsidiarity（補完性の原理）に基づいて捉え直そうとする態度だった。討論のため、ＩＵＬＡが用意した背景説明資料は次のようにいっている。

「途上国の人々にとって、分権は自由の権利を守り育て、発展への期待に答えるものであり、先進国の人々にとって、分権は今以上に民主主義を拡大するものでなければならない。…この要望に答えるためにこそ…subsidiarityとaccountability、partnershipの原理に基づいて地方政府が機能できる明瞭な立法、行政上の仕組みが求められる」[3]

2　下からの民主主義

ドイツ3月革命に分権の萌芽

補完性の原理が初めて体系的に論じられたのは、１９３１年発せられたローマ法王ピオ11世の社会回勅だとされてきた。[4] ムッソリーニ、スターリンが権力体制を固め、ナチの台頭が目前に迫る時期だった。回勅の目的は直接的には、この全体主義の脅威からヨーロッパを擁護することにあったが、その全体主義社会が姿を消した今、地方自治を支える原理として新たな役割を担って、再登場している。

その回勅はいう。「個々の人間が自らの努力と創意によって成し遂げられることを、彼らから奪い取って共同体に委託することが許されないと同様に、より小さく、より下位の諸共同体が実施、遂行できることを、より大きい、より高次の社会に委譲するのは不正である」[5]

この根底にあるのは、個人は社会、あるいは国家のためにあるのではなく、社会、国家は個人を支え、補完する仕組みとして存在すると考える社会観である。すなわち、それは単純な社会制度論ではなく、まず個人と社会の関係から出発し、社会とその制度の関係を問っている。基礎的組織と頂上に位置する組織がどう権力を配分するという問題ではない。[6]

１８４８年、ドイツ・プロイセンの３月革命後、民主派がプロイセン国会に提出した地方草案が注目される。そこに、この補完性の原理から導かれる近代的な政治システムの芽吹く姿が、早くも読み取れる。すなわち「すべての権力・権限の源」は、一番下位組織である「ゲマインデ」（市町村）の成人総会にあると考え、自治体の権限をゲマインデ固有の権限と捉えている。そこでは、行政事務は下位自治体から優先的に配分され、そしてゲマインデの総会が郡や県に対して、権限を移譲して行く。地方自治を下位機関の方から重層的に積み上げて行く原則が、力強く求められていた。[7]

それから１４０年。１９８５年、「人権のとりで」と呼ばれるヨーロッパ評議会（ＣＥ）の閣僚会議が、この補完性の原理に基づいて地方分権を求める「ヨーロッパ地方自治憲章」を採択した。

新たな出発担う憲章

第2次世界大戦後、ヨーロッパは経済活動を統合する共同体を組んで復興を目指した。だが、国ごとに社会の仕組みがバラバラでは、ヨーロッパ全域での均等な経済発展は望めない。「個々の加盟国における同種の民主的基本秩序や基本権の比較可能なシステムなくしては、国家間にもある政治的緊張は排除できない」[8]のだった。そこでヨーロッパ共通の社会ルール、規範が求められて行く。全体主義の台頭を許した反省からも、それは「下からの」「強い」民主主義を育てる規範でなければならず、「地方自治」の強化もまた、そのような規範の一つと考えられた。

ＣＥは欧州人権条約、社会憲章、文化憲章をすでに生み出しており、憲章はそれに続く「ヨーロッパ評議会の第4の柱」[9]と呼ばれた。憲章はこの深層からつむぎ出される取り組みの「到達点」といえる。だが、成長する経済力はさらなる政治統合を求める。ＥＵという超国家機関が誕生しようとしている中で、国民国家の求心力の低下は避けようがない。加えて、福祉国家の行き詰まりが公共財の配分システムの再検討を求めていた。憲章は国民国家の庇護を離れ、地域間国際競争に立ち向かう地方自治体が、権限と財源を求めて国との関係の見直しを迫る「新たな出発点」でもあった[10]。

このＣＥの取り組みと前後する70年代半ば、ヨーロッパ共同体（ＥＣ）の公文書に、補完性の原理がたびたび登場、にわかに注目を集め始めた。共同体が「集権的」な超国家組織になることを警戒する側から、果たして補完性の原理は「分権的」原理となりうるのかと、疑問を向ける議論だった。[11]

そして、92年調印されたＥＵの憲法ともいえるマーストリヒト条約第３ｂ条にも、補完性の原理が盛り込まれた。ＥＵは条約上権限が認められた範囲だけで行動し（1項）、条約に明記されない領域では、補完性の原理に従い、国家単位では目的が「十分に」達成出来ず、ＥＵの方が「効果的により良く」処理出来るものにだけ限って行動する（2項）とする制限条項になっている。ここでの上位組織はＥＵであり、ＥＵの力が増すにつれ、国はその下部組織に転落しかねない。補完性の原理はそんな危うい国家主権の支えとして機能することになった。

3　排される集権的統合

地域・地方の共闘

この第３ｂ条には、「地方」の文字はなく、あくまでもＥＵと国の間の補完性でしかない。しかし、それが分権の原理である限り、国―地方の関係に目を移せば、間違いなく国内での地方自治強化のテコにもなりうるものだ。[12] アムステルダムでこの5月、ＥＵの中で地方の立場を代弁する地域委員会（ＣＯＲ）が「ヨーロッパ地域・都市サミット」を主催、ＩＵＬＡなど自治体組織も積極的にそれをバックアップした。

その最終宣言は「補完性の原則は特に地域、地方自治体の自治強化のために厳格に適用されるべき」であり、「曖昧（あいまい）な第3b条は改正されるか、条約議定書によってその意味を明解にすべきである」と求めている。具体的には、条文の中に、国と並んで地域、地方自治体という表現を挿入する要求だった。ここでいう「地域」はドイツの州のような第2層の自治体を指し、第3層の市町村と一体のものとはいえない。だが、宣言は「地域代表と地方自治体は、ヨーロッパの一体性を強化、文化的多様性を擁護するために不可欠の存在である」と、そろってEUに足場を築く必要を確認し合っている。[13]

自己決定の道開く財政

憲章が掲げる補完性の原理の構造を、少し詳しく見る。それを最も明確に示すのは「地方自治の範囲」を示す第4条であり、次のようにいう。

「公的な責務は、一般的に、市民に最も身近な地方自治体が優先的に遂行する。他の団体への責務の配分は、任務の範囲と性質及び能率と経済の要請を（比較）考慮して行わなければならない」（3項）。明瞭な団体自治の規定であり、さらにこの「権限は通常、包括的かつ排他的」でなければならず、「法律が規定する場合を除き、中央政府であれ広域団体であれ、侵害し又は制限してはならない」（4項）といい切っている。

しかも、これは単なる理念ではなく、「実質的な能力」でなければならない（第3条1項）と考える。

すなわち、自己決定を可能にする財政システムの要求である（第9条）。そのためには、まず地方自治体に「自由に処分しうる十分な固有の財源に対する権利」（1項）が与えられなければならない。しかも、それは「定められた権限に比例し」（2項）、「費用の現実の変動に、出来る限り対処しうる程度に十分に多様で弾力的」である（4項）必要がある。課税自主権（3項）、起債の自由（8項）も当然保障、その上で補助金は自治体の「政策決定を行う基本的自由を侵害してはならない」（7項）とクギを刺す。[14]

　我が国では、政府の地方分権推進委員会が自己決定権の原則に基づく国と地方の対等・協力の関係を求めながらも、国の関与の道を閉ざせず、財政自主権の拡大にも見るべき成果をあげられずにきている。憲章と我が国のこの現状との差異は、まさに両者の「到達点」「出発点」そのものに、大きな隔たりがあることを意味しているのではないだろうか。

旧東側への波紋

　5月現在、ＣＥ加盟国40カ国の内、23カ国が批准している。残る17カ国の中には、憲章の規定を内政干渉だと反発、批准を拒んでいる所もある。英、仏、アイルランドがそうであり、英、アイルランドの両国は署名もしていない。このほか、理由は異なるが、連邦国であるスイス、ベルギーは中央政府に、地方自治体の取り決めにかかわる権限がないと、批准を見送っている。残る12カ国は民主化に苦闘する旧東側の国々だ。[15]

　96年4月、コペンハーゲンで「ヨーロッパ地方自治憲章10周年」のＣＥ記念集会があった。参加したルーマニア代表が、こう演説している。

「冷戦は終わった。だが、新たな民主主義をどうつくってゆけばよいのか、我々には必要な経験もない。やっと地方に、新たな政治家が育ち始めたが、国会ではまだ保守派が力を持つ。その国会が選挙で選ばれた市長の2割近くを罷免、役職停止させる事件まであった。私も罷免された市長の1人です。この新たな闘いの中で、市民参加の重要性を知った。私は皆さんに感謝したい。この憲章が我々に、何をなすべきかを語ってくれるからです[16]」

ＩＵＬＡは85、93年の世界大会で、憲章を踏まえた「世界地方自治宣言」を2回まとめ、国連に送った[17]。このときは具体的な成果を見なかったが、ＩＵＬＡの今回の国連への「世界地方自治憲章」採択要請はこの努力を引き継ぐものだ。

4　国連と共に

不可欠のパートナー・自治体

地球サミット以来、多くの国際会議が「環境保全」「人間優先の社会開発」に目を向け続けた。そこには、オゾン層破壊といった地球規模の問題ばかりでなく、日々の人間生活に密着した実に様々な課題が含まれている。特に、ハビタットⅡは「都市環境の改善」をテーマにした。都市は人間が生活を営み、経済活動を繰り広げる最も身近な環境である。そこには貧困、差別、居住環境の悪化といった問題が山積する。いずれも、自治体の力なくしては解決不能な問題ばかりだ。しかも、２０２５年までには、地球人口の65％もの人たちが都市部に住むという。自然環境への配慮を強調するだけではことは済まず、具体的な都市環境改善のプログラムと、そのための新たな財源が求められる状況に入ったわけだ。

ＩＵＬＡは他の９つの主要な自治体世界組織と共にグループ「Ｇ４＋」を組み、国際的な発言の場を探り続けた、国連と共にハビタットⅡの公式行事として「都市・地方自治体世界会議」（ＷＡＣＬＡ）を開くことに成功した[18]。そこでの討論を反映し、ハビタット・アジェンダは次のように宣言している。

「地方自治体こそ、我々の最も身近にして不可欠なパートナーであり、各国の法律の許す範囲内において、民主的地方自治体への分権を促し、各国の状況に応じて、自治体の財政的、組織的能力の強化に務める必要がある。それと共に、透明性、アカウンタビリティー、人々の要求に応える責任能力を高めることこそ、各層政府すべてに共通する最も大切な題課である[19]」。

「地球サミット」にも、多くのＮＧＯに交じって70都市の代表が集まっていた。だが、この時は「自治体は国家レベルから落ちこぼれた問題を議論した」との新聞論評に甘んじた[20]。状況は大きく変化したのだ。ハビタット・アジェンダは単なる理念ではなく、まさに緊急に解決を迫られる各国の政治課題そのものを語っていた。ＩＵＬＡ世界大会に出席し、演壇にも立ったインド政府、モハンティー都市開発局長の報告書がそのことをよく示している。

インドの政府組織は、中央―州―地方の3層からなるが、伝統的なパンチャヤート制度に阻まれ、多くの問題を抱えている。地方議会の選挙さえ、州政府の都合で棚上げされる現状にある。そのため「都市部自治体の制度、財政改革を通して、経済成長と開発の成果を市民に行き届かせる努力が課題」として問われ、憲法を改正、公選制度を確立、議会、行政組織を整備して、州から都市に都市計画などの権限を委譲する努力が続いている、と報告書は語る。特に、都市の財政基盤を固めることが急がれ、中央政府財政委員会は１９９６～２０００年の間に、都市政府に計５００億ルピーの財政援助資金をするよう中央政府に勧告した。インド政府始まって以来のこと、という。[21]

目指す分権型開発

去年11月、ＩＵＬＡと国連機関の一つ国連開発計画（ＵＮＤＰ）が相互支援の覚書を交わした。ＵＮＤＰがＩＵＬＡの世界大会に参加、開発を巡る特別部会を持ったのに対し、ＩＵＬＡもＵＮＤＰがハビタット・アジェンダの実現を目指して7月、ニューヨークで開く「世界の市長セミナー」への参加協力を約束した。そして、それは共に実行された。[22] 途上国の開発援助政策に、ＵＮＤＰは大きな影響力を持ち、持続性があり、中央政府ではなく、地域と直接結ぶ「分権型開発」を目指している。

さらに、ＷＡＣＬＡを実現した「Ｇ４＋」グループはハビタットⅡの後、新たに「都市・地方自治体世界会議共同体」（ＷＡＣＬＡＣ）を組織、国連との共同行動の強化に踏み出した。この5月には、国連人権居住委員会（ＵＮＣＨＳ）が開かれたナイロビで、組織固めの会議を開き①「世界地方自治憲章」の国連採択②ＵＮＣＨＳへの地方自治体代表受け入れ③ハビタット・アジェンダ実現を目指す団体の共同支援に向けＵＮＣＨＳとの合意形成—以上の３つを最重要課題として確認した。さらに、グループを代表してバーガーＩＵＬＡ会長（独・ケルン市長）がＵＮＣＨＳの会議で挨拶、理解を求めている。[23]

5　再び都市の時代

結び合う2つの流れ

補完性の原理を掲げ民主主義の深化を目指すヨーロッパの取り組みを縦軸とすれば、国連を中心に民主的開発、都市の自治能力強化を目指す流れは、いわば時代の横軸。この縦、横両軸の結び合う交差点上で、地方分権の潮流は止めがたい時代の要請としてエネルギーを蓄えつつあった。

バーガーＩＵＬＡ会長は「我がケルン市は自治自由都市５００年の歴史を持つ。独自の通貨を持ち、どんな皇帝であろうと、その圧力を跳ね返し独自の政治を守ってきた。だが18世紀、国民国家が登場し、歴史は変わった。国家同士が激しく戦争を繰り返し、都市はその後方に下がっていった。だが今、その国家が後方に退き、また地方自治体が歴史の前面に出始めたのです。それを象徴するのがヨーロッパ地方自治憲章。だが今、旧植民地の人たちも自らの言葉で『分権を通して民主主義を』と語り始めた。もう、ヨーロッパもそんな世界の流れの一部でしかないと深く実感している」と語る。

【注】

1 International Union of Local Authorities. 1913年.創設。本部オランダ・ハーグ。現在、95カ国の自治体、関係機関が加入、日本からは自治総合センター、自治体国際化協会、地方自治総合研究所などが加わる。

2 Final Declaration 33rd IULA Word Congress - Ratification, Mauritius, 10 April 1997.

3 The Decentralisation Process and Future Directions for Local Government, p.13-14, IULA, April 1997.

4 澤田昭夫「補完性原理 The Principle of Subsidiarity・・分権主義的原理か集権主義的原理か?・」日本EC学会年報第12号1992年

5 澤田昭夫、前掲稿、p.37-38

6 Definition and limits of the principle of subsidiarity, Local and regional authorities in Europe, No.55. Council of Europe Press, 1994.
CE's Steering Commitees on Local and Regional Authorities の詳しい研究報告書であり、特にp7-12でsubsidiasrityの個人を社会組織の中核に据える思考は、アリストテレスの「政治的人間」から、トマス・アクイナスの「社会的人間」、ジョン・ロックの「自由主義」を貫くものであるとしている。

7 木佐茂男「プロイセン=ドイツ地方自治法理論研究序説2」自治研究第54巻8号、1978年、「連邦制と地方自治をめぐる法制度と実務の比較考察」公法研究第56号、1994年に詳論あり。

8　フランツ・ルートヴィヒ・クネーマイヤー（木佐茂男訳）「ヨーロッパの統合と地方自治」自治研究第65巻4号、1989年 . p.4.

9　フランツ・ルートヴィヒ・クネーマイヤー（木佐茂男訳）前掲稿 p.6.

10　国民国家の求心力低下とsubsidiarityについては、Conference on the occasion of the 10 th anniversary of the Europian Charter of the Local Self-Government, Congress of Local and Reagional Authorities of Europe-Studies and texts, No.50, p.35-55, op. cit., Definition and Limits of the principle of subsidiarity, p.10-12に詳しい。Guardian StateからFunctional Stateへの変化を指摘しながら、subsidiarityの今日的意義は、単なる上位機関「介入排除」の主張ではなく、上位機関には個人、地域社会の自己実現「支援」義務があることの確認をも合わせ求めていることにある、とする。

地域間国際競争は、井上繁「ヨーロッパ統合と都市間競争」都市問題第86巻5号1995年。

11　鈴木真澄「欧州連合の『憲法的』構造2」法研論集第70, 1994年に詳しく論じられている。

12　安江則子「EUの政策決定と補完性原理」立命館政策科学2巻2号 , 1994. 参照。

13　Europian Summit of The Reagion and Cities-Final Declaration, Committee of The Reagions in collaboration with IPO and VNG, Amsterdam May 15&16.

14　廣田全男・糠塚康江「『ヨーロッパ地方自治憲章』『世界地方自治宣言』の意義」、法律時報第66巻12号、1994、持田信樹「地方分権と財政問題の展望」ジュリストNo.1090, 1996. 1. 参照。憲章の条文は廣田・糠塚訳による。

15　Chart of Signatures and ratifications, 1997. 5. 16, Council of Europe, op. cit., Conference on the occasion of the 10 th anniversary of the Europian Charter of the local Self-Government, p.82-96.

16 ibid. p.117 - 121

17 廣田全男・糠塚康江、前掲書に憲章、宣言の比較検討あり。

18 Local Government Word, The Bi-Monthly News letter of the IULA, Issue No.1-4, 1996.

19 The Habitat Agenda-Isutanbul Declaration on Human Settlements.

20 1992. 6. 15, 朝日新聞夕刊。

21 Paper by Dr. P. K.Mohanty, Director (Urban Development), Ministry of Urban Affairs and Employment Government of India.

22 op. cit., Local Government Word, Issue No.1, 1997.

23 Press Release, WACLAC, Nairobi 26, April 1997. 24) IULA世界大会会場での筆者インタビュー, 1997. 4. 7.

（日本地方自治研究学会学会誌「地方自治研究」13巻1号（1998. 3）より）

【編著者紹介】
中村　征之（なかむら・せいし）
1940年10月30日生まれ
1967年3月 早稲田大学第一文学部社会学専修卒業
1967年4月 朝日新聞入社
1991年 大阪本社編集委員
2000年4月 桃山学院大学非常勤講師（経済学部・都市政策論）
2000年6月 三重社会経済研究センター客員研究員（非常勤）
2000年11月 朝日新聞退社
2004年5月 死去 享年63歳

大森　彌（おおもり・わたる）
1940年生まれ、64歳。東京大学大学院総合文化研究科長、教養学部長などをへて、2000年4月から千葉大学法経学部教授。東京大学名誉教授。地方分権推進委員会専門委員にも就任、地方自治をめぐる積極的な発言を続けている。

地方自治ジャーナル・ブックレット No.39
ディスカッション・三重の改革

２００５年4月１０日　初版発行　　定価（本体１，２００円+税）

編著者　中村征之・大森　彌
発行人　武内　英晴
発行所　公人の友社
〒112-0002　東京都文京区小石川５－２６－８
ＴＥＬ ０３－３８１１－５７０１
ＦＡＸ ０３－３８１１－５７９５
Ｅメール koujin@alpha.ocn.ne.jp
http://www.e-asu.com/koujin/

公人の友社のブックレット一覧

（05.3.31 現在）

「地方自治ジャーナル」ブックレット

No.3
使い捨ての熱帯林
熱帯雨林保護法律家リーグ 971円

No.4
自治体職員世直し志士論
村瀬誠　971円

No.5
行政と企業は文化支援で何ができるか
日本文化行政研究会　1,166円

No.7
パブリックアート入門
竹田直樹　1,166円

No.8
市民的公共と自治
今井照　1,166円

No.9
ボランティアを始める前に
佐野章二　777円

No.10
自治体職員の能力
自治体職員能力研究会　971円

No.11
パブリックアートは幸せか
山岡義典　1,166円

No.12
市民がになう自治体公務
パートタイム公務員論研究会
1,359円

No.13
行政改革を考える
山梨学院大学行政研究センター
1,166円

No.14
上流文化圏からの挑戦
山梨学院大学行政研究センター
1,166円

No.15
市民自治と直接民主制
高寄昇三　951円

No.16
議会と議員立法
上田章・五十嵐敬喜　1,600円

No.17
分権段階の自治体と政策法務
松下圭一他　1,456円

No.18
地方分権と補助金改革
高寄昇三　1,200円

No.19
分権化時代の広域行政
山梨学院大学行政研究センター
1,200円

No.20
あなたのまちの学級編成と地方分権
田嶋義介　1,200円

No.21
自治体も倒産する
加藤良重　1,000円

No.22
ボランティア活動の進展と自治体の役割
山梨学院大学行政研究センター
1,200円

No.23
新版・2時間で学べる「介護保険」
加藤良重　800円

No.24
男女平等社会の実現と自治体の役割
山梨学院大学行政研究センター
1,200円

No.25
市民がつくる東京の環境・公害条例
市民案をつくる会　1,000円

No.26
東京都の「外形標準課税」はなぜ正当なのか
青木宗明・神田誠司　1,000円

No.27
少子高齢化社会における福祉のあり方
山梨学院大学行政研究センター
1,200円

No.28
財政再建団体
橋本行史　1,000円

No.29
交付税の解体と再編成
高寄昇三　1,000円

No30
町村議会の活性化
山梨学院大学行政研究センター
1,200円

No.31
地方分権と法定外税
外川伸一　800円

No.32
東京都銀行税判決と課税自主権
高寄昇三　1,000円

No.33
都市型社会と防衛論争
松下圭一　900円

No.34
中心市街地の活性化に向けて
山梨学院大学行政研究センター
1,200円

No.35
自治体企業会計導入の戦略
高寄昇三　1,100円

No.36
行政基本条例の理論と実際
神原勝・佐藤克廣・辻道雅宣
1,100円

No.37
市民文化と自治体文化戦略
松下圭一　800円

No.38
まちづくりの新たな潮流
山梨学院大学行政研究センター
1,200円

No.39
ディスカッション・三重の改革
中村征之・大森彌　1,200円

「地方自治土曜講座」ブックレット

《平成7年度》

No.1
現代自治の条件と課題
神原勝　900円

No.2
自治体の政策研究
森啓　600円

No.5
成熟型社会の地方自治像
間島正秀　500円

《平成8年度》

No.9
まちづくり・国づくり
五十嵐広三・西尾六七　500円

No.10
自治体デモクラシーと政策形成
山口二郎　500円

No.11
自治体理論とは何か
森啓　600円

No.12
池田サマーセミナーから
間島正秀・福士明・田口晃　500円

No.13
憲法と地方自治
中村睦男・佐藤克廣　500円

No.14
まちづくりの現場から
斎藤外一・宮嶋望　500円

No.17
市民自治の制度開発
神原勝　500円

《平成9年度》

No.18
行政の文化化
森啓　600円

No.19
政策法学と条例
阿倍泰隆　［品切れ］

No.21
分権時代の自治体経営
北良治・佐藤克廣・大久保尚孝
600円

No.22
地方分権推進委員会勧告と
これからの地方自治
西尾勝　500円

No.25
自治体の施策原価と事業別予算
小口進一　600円

《平成10年度》

No.27
比較してみる地方自治
田口晃・山口二郎　［品切れ］

No.28
議会改革とまちづくり
森啓　400円

No.30
内発的発展による地域産業の
振興
保母武彦　600円

No.31
地域の産業をどう育てるか
金井一頼　600円

No.32
金融改革と地方自治体
宮脇淳　600円

No.33
ローカルデモクラシーの統治
能力
山口二郎　400円

No.34
政策立案過程への「戦略計画」
手法の導入
佐藤克廣　500円

No.35
98サマーセミナーから
「変革の時」の自治を考える
神原昭子・磯田憲一・大和田建太郎
600円

No.36
地方自治のシステム改革
辻山幸宣　400円

No.37
分権時代の政策法務
礒崎初仁　600円

No.38
地方分権と法解釈の自治
兼子仁　400円

No.39
市民的自治思想の基礎
今井弘道　500円

No.40
自治基本条例への展望
辻道雅宣　500円

No.41
少子高齢社会と自治体の福祉
法務
加藤良重　400円

《平成11年度》

No.42
改革の主体は現場にあり
山田孝夫　900円

No.43
自治と分権の政治学
鳴海正泰　1,100円

No.44
公共政策と住民参加
宮本憲一　1,100円

No.45
農業を基軸としたまちづくり
小林康雄　800円

No.46
これからの北海道農業とまちづくり
篠田久雄　800円

No.47
自治の中に自治を求めて
佐藤　守　1,000円

No.48
介護保険は何を変えるのか
池田省三　1,100円

No.49
介護保険と広域連合
大西幸雄　1,000円

No.50
自治体職員の政策水準
森啓　1,100円

No.51
分権型社会と条例づくり
篠原　一　1,000円

No.52
自治体における政策評価の課題
佐藤克廣　1,000円

No.53
小さな町の議員と自治体
室崎正之　900円

No.55
改正地方自治法とアカウンタビリティ
鈴木庸夫　1,200円

No.56
財政運営と公会計制度
宮脇淳　1,100円

No.57
自治体職員の意識改革を如何にして進めるか
林嘉男　1,000円

《平成12年度》

No.59
環境自治体とＩＳＯ
畠山武道　700円

No.60
転型期自治体の発想と手法
松下圭一　900円

No.61
分権の可能性
スコットランドと北海道
山口二郎　600円

No.62
機能重視型政策の分析過程と財務情報
宮脇淳　800円

No.63
自治体の広域連携
佐藤克廣　900円

No.64
分権時代における地域経営
見野全　700円

No.65
町村合併は住民自治の区域の変更である。
森啓　800円

No.66
自治体学のすすめ
田村明　900円

No.67
市民・行政・議会のパートナーシップを目指して
松山哲男　700円

No.69
新地方自治法と自治体の自立
井川博　900円

No.70
分権型社会の地方財政
神野直彦　1,000円

No.71
自然と共生した町づくり
宮崎県・綾町
森山喜代香　700円

No.72
情報共有と自治体改革
ニセコ町からの報告
片山健也　1,000円

《平成13年度》

No.73
地域民主主義の活性化と自治体改革
山口二郎　600円

No74
分権は市民への権限委譲
上原公子　1,000円

No.75
今、なぜ合併か
瀬戸亀男　800円

No.76
市町村合併をめぐる状況分析
小西砂千夫　800円

ポスト公共事業社会と自治体政策
五十嵐敬喜　800円

No.80
自治体人事政策の改革
森啓　800円

《平成14年度》

No.82
地域通貨と地域自治
西部忠　900円

No.83
北海道経済の戦略と戦術
宮脇淳　800円

No.84
地域おこしを考える視点
矢作弘　700円

No.87
北海道行政基本条例論
神原勝　1,100円

No.90
「協働」の思想と体制
森啓　800円

No.91
協働のまちづくり
三鷹市の様々な取組みから
秋元政三　700円

《平成15年度》

No.92
シビル・ミニマム再考
ベンチマークとマニフェスト
松下圭一　900円

No.93
市町村合併の財政論
高木　健二　800円

No.94
北海道自治のかたち論
神原　勝　[未刊]

No.96
創造都市と日本社会の再生
佐々木雅幸　800円

No.97
地方政治の活性化と地域政策
山口二郎　800円

No.98
多治見市の政策策定と政策実行
西寺雅也　800円

No.99
自治体の政策形成力
森啓　700円

《平成16年度》

No100
自治体再構築の市民戦略
松下圭一　900円

No.101
維持可能な社会と自治
『公害』から『地球環境』へ
宮本憲一　900円

No.102
道州制の論点と北海道
佐藤克廣　1000円

TAJIMI CITY ブックレット

No.2
転型期の自治体計画づくり
松下圭一　1,000円

No.3
これからの行政活動と財政
西尾勝　1,000円

No.4
構造改革時代の手続的公正と
第2次分権改革
手続的公正の心理学から
鈴木庸夫　1,000円

No.5
自治基本条例はなぜ必要か
辻山幸宣　1,000円

No.6
自治のかたち法務のすがた
政策法務の構造と考え方
天野巡一　1,100円

No.7
自治体再構築における
行政組織と職員の将来像
今井照　1,100円

朝日カルチャーセンター 地方自治講座ブックレット

No.1
自治体経営と政策評価
山本清　1,000円

No.2
ガバメント・ガバナンスと
行政評価システム
星野芳昭　1,000円

No.4
政策法務は地方自治の柱づくり
辻山幸宣　1,000円

No.5
政策法務がゆく！
北村喜宣　1,000円

政策・法務基礎シリーズ
—東京都市町村職員研修所編

No.1
これだけは知っておきたい
自治立法の基礎
600円

No.2
これだけは知っておきたい
政策法務の基礎
800円